"趣读成语"系列

成语与日常生活

海 秋 / 编著

主　编　安若水
副主编　崔俊虎
编　委　海　秋　崔俊虎　马　然　王水香
插　图　侯孟明德

山西出版传媒集团　山西教育出版社

太原

图书在版编目（CIP）数据

成语与日常生活 / 海秋编著. -- 太原：山西教育出版社，2024.8. -- ISBN 978-7-5703-4113-9

Ⅰ．H136.31-49

中国国家版本馆 CIP 数据核字第 2024BQ8959 号

成语与日常生活
CHENGYU YU RICHANG SHENGHUO

策　　划	王　媛
责任编辑	姚吉祥
复　　审	陈旭伟
终　　审	彭琼梅
装帧设计	孟庆媛
印装监制	蔡　洁

出版发行	山西出版传媒集团·山西教育出版社
	（太原市水西门街馒头巷7号　电话：0351-4729801　邮编：030002）
印　　装	山西聚德汇印务有限公司
开　　本	890 mm×1 240 mm　1/32
印　　张	7
字　　数	117 千字
版　　次	2024 年 8 月第 1 版　2024 年 8 月山西第 1 次印刷
印　　数	1—1 500 册
书　　号	ISBN 978-7-5703-4113-9
定　　价	29.00 元

如发现印装质量问题，影响阅读，请与出版社联系调换。电话：0351-4729718

在成语中解读世界之美

安若水

在我国的历史长河中,形成了许多优秀的传统文化,成语作为中华优秀传统文化的重要组成部分,是中华语言文字宝库中的精华,具有独特的文化意义。

成语能以简洁、固定的形式与和谐的韵律,准确、生动地传达丰富多彩的语言信息,可谓言简而义丰。成语的背后往往有一个故事或者典故,古往今来,被广泛运用于口语和书面语中。其中,一些成语内涵丰富,涉及动植物、自然现象或规律、日常生活、人体科学……细心去找,你就会发现,成语里藏着有趣的科学问题,涉及的领域非常广泛。

在这套书里,你会了解植物的生长规律,明白植物铺满美丽大地的缘由;你会在了解动物知识的同时,看到鲜活的生命状态,知晓人类的由来,理解生命的多样性;你会了解日出日落、风雨雷电等自然现象背后的科学规律;你会从衣、食、住、行等方面,了解更多与日常生活紧密关联的科普知识。

在编写过程中,我们力求做到深入浅出、通俗易懂。每个成语中都有知识延伸、拓展阅读,希望在提升科学素养的同时,进一步增进你对中华优秀传统文化的了解。

愿这套科普阅读书系能讲好科普故事,为更多读者打开科学的大门。

码上加入 成语 趣学乐园

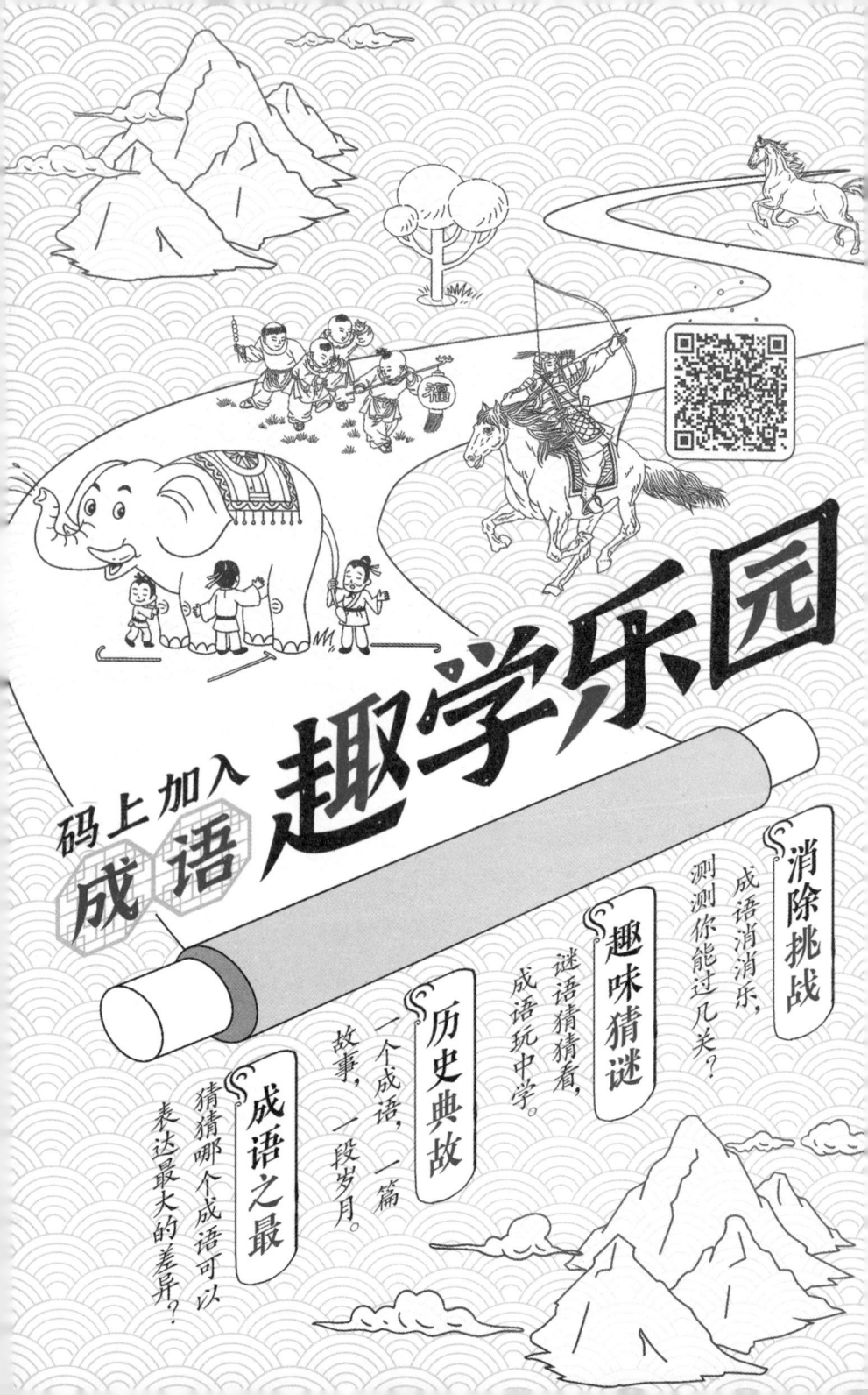

消除挑战
成语消消乐，测测你能过几关？

趣味猜谜
谜语猜猜看，成语玩中学。

历史典故
一个成语，一篇故事，一段岁月。

成语之最
猜猜哪个成语可以表达最大的差异？

目 录

1. 锦衣玉食 …………… 1
2. 膏粱锦绣 …………… 5
3. 不辨菽麦 …………… 8
4. 不食之地 …………… 11
5. 绠短汲深 …………… 15
6. 寒耕热耘 …………… 19
7. 工欲善其事，必先利其器
   …………… 23
8. 粗茶淡饭 …………… 27
9. 八珍玉食 …………… 31
10. 山珍海味 …………… 35
11. 虾兵蟹将 …………… 39
12. 藕断丝连 …………… 43
13. 望梅止渴 …………… 47
14. 篝火狐鸣 …………… 51
15. 鹬蚌相争，渔人得利
    …………… 54
16. 南橘北枳 …………… 58
17. 邯郸学步 …………… 61
18. 觥筹交错 …………… 65
19. 对酒当歌 …………… 68
20. 茹毛饮血 …………… 71
21. 杯盘狼藉 …………… 75
22. 釜底抽薪 …………… 79
23. 狼吞虎咽 …………… 83
24. 丢盔卸甲 …………… 86

25 珠光宝气	……………	90
26 衣锦还乡	……………	93
27 荆钗布裙	……………	96
28 衣冠楚楚	……………	99
29 集腋成裘	……………	103
30 南辕北辙	……………	107
31 步履维艰	……………	111
32 穷途末路	……………	115
33 健步如飞	……………	119
34 一马平川	……………	123
35 老马识途	……………	126
36 安步当车	……………	129
37 风雨同舟	……………	132
38 富丽堂皇	……………	135
39 风餐露宿	……………	138
40 空中楼阁	……………	142
41 诗情画意	……………	146
42 门庭若市	……………	150
43 近水楼台	……………	154
44 跃然纸上	……………	158
45 聚沙成塔	……………	162
46 窗明几净	……………	165
47 昏昏欲睡	……………	168
48 坐井观天	……………	171
49 滥竽充数	……………	175
50 改弦更张	……………	179
51 高山流水	……………	183
52 载歌载舞	……………	186
53 鸿雁传书	……………	189
54 黄道吉日	……………	192
55 良辰美景	……………	195
56 一刻千金	……………	199
57 黄粱一梦	……………	202
58 夜以继日	……………	206
59 玉不琢，不成器	……	210
60 一掷千金	……………	214

锦衣玉食

【释义】 锦：彩色有花纹的丝织品。锦衣：鲜艳华美的衣服。玉食：珍奇精美的食品。形容生活豪华奢侈。

【出处】《魏书·常景传》："夫如是，故绮阁金门，可安其宅；锦衣玉食，可颐其形。"

【近义】 丰衣足食　鲜衣美食

【反义】 粗衣淡饭　布衣蔬食　粗衣粝食

科普知识

衣服对我们有多重要应该不需要再赘述了，但我们对"衣"的认识还只停留在最浅显的层面上。首先来看看百变的"衣"字吧！

"衣"站在左边时，变成"衤"，相关汉字有衬、衫、裙等。"衣"站在下边时，还是"衣"，相关的汉字有裂、裹、袋等。

从这些汉字上我们不难看出，从"衣"的字多与衣着有关。可是，不同时期"衣"代表的衣着种类却不同。比方说，先秦时，"衣"指上衣，"裳"指下衣（也就是裙裳），而"衣""裳"连用才泛指我们所说的衣服。

再来看看"服"字，它本来指穿着，也指衣服。"衣""服"连用，原本是指衣裳、服饰，后来只指衣裳。

事实上，在很久以前出现的甲骨文中，"衣"字形像一件上衣。你不妨从网上搜索一下"衣"字的甲骨文，仔细观察，上部的"人"字形部分很像衣领，而两侧的开口处像是衣袖，下端像衣服的下摆。这就是象形字的奇妙之处了。

认识了"衣"，让我们再来认识一下"食"。

如果用"食"来组个词的话，相信你一定能张口就来，如食物、食品、美食等。的确，"食"的本义应该是表示"吃"。《诗经》中就有记载，《魏风·硕鼠》说："硕鼠硕鼠，无食我黍。"意思是说，大田鼠呀大田鼠，不许吃我种的黍。这里的"食"就是吃的意思。

"食"字最早出现在商代的甲骨文中。甲骨文中的"食"字长啥样？

上部像个盖子，下部像个盛满食物的器皿。有人说，这个字形的上部看起来就像是一张嘴，而整个字就是张嘴吃饭的意思。这便是会意字的奇妙之处了。

事实上，"食"字有动词和名词两种用法，作动词用的时候，自然就是吃的意思；作名词用，就是指食物，主要是指饭食、粮食。后来引申为享受，又由比喻而引申为日食、月食等。

凡是能放到嘴里吃的东西，我们都称为"食物"，但是在古代，却只称为单字"食"。例如，《尚书·益稷》中所记载的"奏庶艰食鲜食"，意思是说提供各种食物，其中"艰食"指谷类，"鲜食"指肉类。后来又引申为对人的供养和对动物的饲养。

现在，我们才算真正认识了"衣"和"食"。

在生活中，为了满足味蕾，我们常常忍不住去尝试各种美食；而为了追求精致的装扮，去选择漂亮的衣裳。"鲜衣""美食"是我们对精致生活的一种追求。

《管子·牧民》中记载，春秋时期辅佐齐桓公成为第一霸主的管仲就曾说过："仓廪实而知礼节，衣食足而知荣辱。"意思是说，百姓的粮仓充足，丰衣足食，才能顾及礼仪规矩，才能分辨光荣和耻辱。

可见，只有衣食无忧，我们才有机会去追求更高质量的生活！

膏粱锦绣

【释义】 膏：指肥肉。粱：指细粮。锦绣：指华丽精美的丝织品。形容有钱人家衣食华丽的奢侈生活。

【出处】 清·曹雪芹、高鹗《红楼梦》第四回："因此这李纨虽青春丧偶，居家处膏粱锦绣之中，竟如槁木死灰一般。"

【近义】 锦衣玉食　穷奢极欲

【反义】 穷困潦倒

科普知识

提到"粱"，我们都不陌生，为它组过词、造过句。而且，我们还知道"粱"代表了粮食。"民以食为天"，我们每天都离不开粮食。我们经常可以见到"节约粮食"的小标语，就是为了提醒人们不要浪费粮食。

粮食是很多种结实植物的总称。自汉代以来，"粱"一直都是重要的粮食作物。

但事实上，在过去，粱却是代表着具体的某一种粮食作物。

《说文·米部》中说："粱，米名也。""粱"是禾本科狗尾草属植物，古代指粟的优良品种，籽实也称为"粱"，是细粮的一种，后来引申指脱壳后的黄小米，也叫作"黄粱"。

唐代孟郊在《出门行二首》中说："君今得意厌粱肉，岂复念我贫贱时。"其中"粱肉"与"糟糠"相对应，可见"粱"常常用来指精美的饭食。

你知道吗，在我国南方和北方，"粱"的称谓并不一样。

在北方，粱统称为"谷子"；但是在南方，为了与稻谷相区分，常称为"粟谷""狗尾粟"。

粱之所以占有这么重要的位置，主要是因为谷粒的营养价值高，里面含有丰富的蛋白质、脂肪和维生素；除了作为饭食，粱还可以用来入药、酿酒、做饲料。

粱是一种喜温作物，对光照条件的反应是非常敏感的，适于温暖干燥的气候。种子在 7~8 ℃下便开始发芽，但需要很长时间；在 15~20 ℃时能正常发芽；要是在 24~25 ℃时，发芽是最快的。

既然是喜温植物，自然是不耐霜冻的，温度降至 1~2 ℃时，粱的幼苗就会被冻死。

但是，梁却是耐旱植物。即使土壤含水量只有10%，梁的小幼苗仍然可以暂时维持生长。

但是到了植株拔节的时候，对水量的需求会立刻大增，只有水分充足，才能保证茎叶生长旺盛。如果这个时候雨量不足，农民伯伯们就会抽水灌溉，这是一项很辛苦的劳动。正是他们辛勤的劳动，才换来了供我们饱腹的粮食。到了开花结果时，梁的需水量才慢慢减少。

为了避开因为干旱或者水涝而造成的粮食损失，专家们研究出了生长期长短不同的粮食作物。其中有喜欢天冷的，有喜欢水大的，有喜欢碱地的，还有喜欢向阳的。正是这多种多样的品种资源，才保证了我们有足够的粮食吃。

现在你知道一粒粮食是多么来之不易了吧，还是那句话："节约粮食，从我做起！"

3 不辨菽麦

【释义】 菽：豆类。分不清豆子和麦子。原形容愚昧无知。后形容脱离生产实践，缺乏实际知识。

【出处】《左传·成公十八年》："周子有兄而无慧，不能辨菽麦，故不可立。"

【反义】 见多识广

科普知识

每逢春节，家家户户都要在粮仓门上贴上"五谷丰登"，祈求新的一年收成满满。

倘若连"五谷"是什么都分不清楚，怕是要被人家笑话了。就像《论语·微子》中说的那样："丈人曰：'四体不勤，五谷不分，孰为夫子？'"意思是说，"四肢不劳动，五谷分不清，谁是你的老师？"

不从事生产劳动，就会缺乏起码的农业知识。我们拒绝做这样的人，赶快来认识一下"五谷"吧！

"五谷"指的当然就是五种谷物,不过在古代,却有几种不同的说法,概括下来,主要指以下两种:一种是指稻、黍、稷、麦、菽;另一种是指麻、黍、稷、麦、菽。

仔细观察一下有什么区别?前者有稻无麻,后者有麻无稻。这是因为,稻的主产地在南方,北方较少,所以"五谷"中最初是没有稻的。我们来逐个认识一下:

先说"谷",它原来是指有壳的粮食。很多粮食刚刚产下来外面是带有一层壳的,像水稻、小米、黄米,都是这样。

稻,也就是水稻,去壳后就是我们离不开的大米了。

麦,自然指的就是小麦,去壳磨成粉,就是我们用来包饺子、蒸馒头的白面。

菽,俗称大豆,也就是麻婆豆腐、豆腐干的原材料。

黍,去壳后是黄米,黄米煮熟之后是很黏的,可以用来酿酒、做年糕。但是因为黏性食物不好消化,所以黄米就很少作为主食了。

稷,是指小米,一说到小米你是不是也想到了小小的、亮黄的米粒?这算是麻雀超爱的美食了!不过我要说的是,小米又称为粟,我国最早的酒便是用小米酿的。

麻,籽可以充饥,但主要是用来榨油,麻子油是淡绿色的,是很好的食用油。它的皮经过水的沤制可以做绳子,皮与杆经提炼纤维，可以做成宣纸等各种高档纸。

另外，还有一种很有趣的说法，"五谷"指"天谷""地谷""悬谷""风谷""水谷"。其中"天谷"指水稻、高粱、小麦等果实长在顶部的作物；"地谷"指花生、番薯等果实长在地下的作物；"悬谷"指豆类、瓜类等果实长在枝蔓上的作物；"水谷"指菱角、藕等果实生长在水中的作物；"风谷"指像玉米这样通过风传播花粉，从而结出果实的作物。

不管怎么说，"五谷"和人类有着不解之缘。我们要感谢那些将野生杂草培育成五谷杂粮的祖先们，正是他们的这一壮举，才使得我们吃得饱、吃得好！

不食之地

【释义】 不能开垦种植或不长庄稼的土地。

【出处】《礼记·檀弓上》:"我死则择不食之地而葬我焉。"《资治通鉴·周赧王四十二年》:"山林溪谷不食之地。"

【近义】 穷山恶水　不毛之地

【反义】 鱼米之乡

科普知识

你知道很久以前的原始人吃什么吗?他们可没有香喷喷的米饭,也没有热腾腾的火锅,他们过的是采集、狩猎的生活。换句话说,他们吃的是树上的野果、树林里奔跑的猎物。在人们认识火之前,都是生吃食物,在懂得如何使用火种之后,终于可以烤着吃了。这不就是我们吃的烤肉吗?

你有没有想过,烤肉这么香,后来的人们为什么又转向粮食生产了呢?

这就需要了解一下我国的农耕文明了。关于农耕，我们的脑子里没有太多的相关知识，不过你一定听说过神农氏。

和神农氏相关的传说有很多，但是最让大家耳熟能详的恐怕是制耒耜、种五谷了。

神农氏，传说中农业和医药的发明者。可以说，他既是医药学家，又是发明家。他尝百草，开创古医药学；他还发明了一种用来耕翻土地的耒耜，教大家播种庄稼。

制耒耜、种五谷，为后来的农业发展奠定了基础，解决了人们吃饱肚子的大事，为人们从原始游牧生活向农耕生活转化创造了条件。

聪明的神农氏还制作了陶器，它使人们第一次拥有了炊具和容器。酿酒、腌制咸菜都要使用陶器。有了它，人们的饮食生活可就方便多啦！

在农业发展的早期，人们主要把精力放在驯化野生植物上，经过尝百草和试种，古人初步确定了适合栽培的几种主要野草。收获到的野草种子，一部分可以食用，另一部分留作下一年的种子。

从古至今，我们中国人是非常重视留种工作的，总是千方百计地保护作物种子，甚至有"饿死不吃种子"的说法。

人们就是用种植——食用——留种的办法，慢慢培育出了主要的农作物品种,也就是我们常说的五谷。

事实上,食物从播种到食用,要经过种植、收获储备、加工三大步骤。

首先,要选择合适的植物种类,也就是你想种什么的问题,是稻、黍、稷、麦,还是菽?等选好了种子,还要准备好用来播种的农具,比如耒耜。接下来最重要的是要掌握农时。庄稼不是你想什么时候播种就什么时候播种的,他们对温度、湿度的要求都很高。如果不懂这些,你恐怕要补习一下二十四节气的相关知识了。

但是要掌握这些知识,是需要长期积累的,绝不是一朝一夕就能做到的,所以说,神农氏时期是一段相当漫长的历史。

选对了时间播种后,还要进行除草、捉虫,确保庄稼的健康生长。

等到收获了粮食,就离我们吃到香喷喷的米饭不远了,不过这里还有一个加工的过程,比方说小麦要经过磨制才能成为面粉,而水稻要经过去壳才能成为大米。

商朝以后,我国的农耕文明发展快速,金属农具也得到了快速发展。

怎么样,现在你知道碗中米饭的来之不易了吧!事实上,真正的种植远远不是我们几段文字描述的那么简单，如果遇到了严重的干旱、洪涝、病虫害，很可能造成颗粒无收，所以，我们要好好珍惜每一粒粮食！

5 绠短汲深

【释义】绠：汲水用的绳子。汲：从下往上提水。水桶上的绳子很短，却要在很深的井里打水。比喻能力弱，难以承担艰巨的任务。

【出处】《庄子·至乐》："褚小者不可以怀大，绠短者不可以汲深。"萧颖士《赠韦司业书》："智小谋大，绠短汲深。"

【近义】鞭长莫及　力不胜任

【反义】易如反掌　胜任愉快

科普知识

我们都知道，正常情况下，只要雨量充沛，粮食作物的生长就不会有太大问题。可是万一降水量不足或者雨量分布不均该怎么办呢？

这时候如果做不到人工干预，恐怕作物很难正常生长，粮食自然也不会高产。

为了避免这种情况的发生，我们就要为土地补充粮食作物所需的水分，也就是灌溉，弥补天然降水的不足。

灌溉，说白了就是用水浇地。浇多少，浇几次，一次浇多久，这些就需要我们根据庄稼作物的需水特性、发育阶段、气候情况、土壤干燥程度等条件来决定。宗旨只有一个：要做到适时、适量、合理灌溉。

从农作物的生长过程来讲，主要有播种前灌水、催苗灌水、生长期灌水及冬季灌水等。

事实上，在夏商时期就有在井田中布置沟渠进行灌溉排水的设施，西周时在黄河中游的关中地区已经有很多的小型灌溉工程。

《诗经·小雅·白华》中就记载有"滮池北流，浸彼稻田"，意思是引渭河支流滮池水灌溉稻田。

在春秋战国时期，人们越来越意识到开垦土地种植庄稼的重要性，自然，灌溉排水也就相应地有了较大的发展。

当时比较著名的有西门豹在邺（也就是现在的河北临漳）修引漳十二渠灌溉农田；李冰主持修建都江堰使成都平原成为沃野千里、水旱从人的"天府之国"。

秦汉时期是我国灌溉排水工程第一次大发展时期。

秦始皇兴建了郑国渠，当时号称灌田4万顷；汉武帝引渭水开了漕运和灌溉两用的漕渠，还建了龙首渠、白渠及成国渠。

隋唐至北宋时期是我国第二个灌溉排水工程发展时期。

唐朝初年，江浙一带农田水利工程得到迅速发展，塘堰灌溉变得越来越常见了，同时，人们还在不断扩大农田灌溉面积。

到了北宋时期，宋神宗更是直接颁布了《农田利害条约》（又名《农田水利约束》）。这标志着第一个农田水利法令正式诞生！

明清两代是我国历史上第三个灌溉排水工程发展时期。

长江中下游的水利已经得到广泛开发，仅在洞庭湖区的筑堤围垦，明代就有200处，到了清代更是多达400余处，当时人们还称颂道："湖广熟而天下足。"

19世纪后期，一大批水利学者从国外学习归来，他们开办水利学校，传播先进的科学技术。

这里必须要提一句，1914年，我国第一所水利专科学校——河海工科专门学校在南京成立了。

中国是一个农业大国，人口多、水资源紧缺、水旱灾害频繁，特殊的气候决定了中国农业必须走灌溉农业的发展道路。经过多年的开沟排水和综合治理，大部分地区的灾害农田都得到了不同程度的改善。

但我们不能满足现状，人类对自然环境破坏严重，所以，进一步治理的任务还很重大，学习相关知识，从我做起！

6 寒耕热耘

【释义】寒冬耕地，热天锄草。形容农事艰辛。

【出处】《管子·臣乘马》："彼善为国者，使农夫寒耕暑耘，力归于上。"贾谊《新书·审微》："民乎，寒耕热耘，曾弗得食也。"

科普知识

提到二十四节气，你一定不会觉得陌生，这不仅仅关乎我们的冷暖，事实上，节气和农事之间也存在着密不可分的关系呢！

春 生

我们常常说，"一年之计在于春"，的确，这是个万物欣欣向荣的好时节。据说在周朝的时候，立春这天，帝王要亲率文武百官到东郊迎接"春气"，以祈求丰收。而唐宋时，立春这一天，宰相以下的官员都要入朝称贺。

"到了雨水天，农活勿迟延。"可以说，雨水时节正是小麦、大豆、水稻这些作物备耕、管理的关键时期。节气过后，天气渐渐转暖，非常适合植物的生长。

"过了惊蛰节，春耕不能歇。"惊蛰代表着春耕的正式开始，而清明则进入春耕的大忙时节，放眼望去，到处是一片忙碌的景象。

春季里的最后一个节气叫谷雨，山西有农谚说："谷雨麦挑旗。"意思是说，这时候小麦进入到拔节生长的关键时期，麦秆的顶部渐渐抽出最后一片叶子，看上去，像一面绿旗在随风飘摇。

夏　长

古代人是很重视立夏节气的。例如，周朝的时候，立夏这天，帝王要亲率文武百官到南郊"迎夏"，官员们还要去各地勉励农民抓紧耕作。

"四月中，小满者，物至于此，小得盈满。"到了小满时节，我国北方地区的夏熟作物籽粒一天天变得饱满起来。

芒种是二十四节气中的第九个节气，此时已经进入到夏收、夏种和夏管的大忙季节了。

"小暑大暑，上蒸下煮。"此时人们会感觉到天气闷热，但这却是农作物所需要的。我们要做的，就是静静等待它们的生长。

秋　收

这应该是农民伯伯最欢喜的季节了！立秋，代表着庄稼经历播种和生长后，已经成熟。但这个时候还不能大意，植物对水分的要求还是很高的，如果遇到大旱的话，还是会影响到收成的。

"白露遍地金，处处要留心。"到了白露，预示着收获的季节正式到来，尤其是我国的东北地区，谷子、大豆和高粱都已经成熟了。与此同时，白露又是一个播种的季节，冬小麦就要开始播种了。

秋分时节，无论你走到哪里，都会看到一片丰收的美丽景象，我们国家因此专门把每年的农历秋分设立为"中国农民丰收节"。

寒露期间，南方进入了大忙时节，人们开始收割单季杂交稻、晚稻，播种冬麦，栽早茬油菜。

冬　藏

"猫冬"的季节终于到了，农民伯伯忙活了一整年，终于可以稍稍休息一下了，尤其是从冬至起，也就进入了数九天气，我国北方已经进入寒冬，但南方多地还要做好越冬作物的管理工作。

可以说，我国的农耕文化源远流长、内涵丰富，是中华优秀传统文化的重要组成部分。农耕离不开二十四节气的指引。如今,二十四节气依然影响着我们每个人的衣食住行,它值得我们去用心学习研究,更值得我们去传承和保护。

7 工欲善其事，必先利其器

【释义】利：使锐利。工匠要干好他的活儿，一定要先修整好工具。后也用以指想要做好一件事，必须先做好准备。

【出处】《论语·卫灵公》："工欲善其事，必先利其器。"

科普知识

我们每天读书，都离不开书本，可以说，书本是我们学习的工具。农民伯伯种田同样需要工具，也就是我们常说的农具。

从古至今，农具一直在不断发展和进步，一起来学习一下吧！

先来说说现代农具的鼻祖。由于当时条件有限，农具不但看起来笨重，使用起来也不太灵活。人们用石头、木头做成工具，用来刺、切割和盛放物品。这里要说一句，当人们还是以捕猎为生的时候，火和弓箭其实也可以算作农具了。

到了原始农业发展阶段，人们开始学会了用刀耕，这里的刀主要是斧头、原始镰刀之类的。人们就是用刀砍伐树木进行烧荒，然后在荒地上播种。

后来有了耜耕，人们用石斧、石铲之类的工具进行整地，收割之后又用磨盘、石磨棒等进行加工。提到耜耕，这里要向大家介绍一个字，那就是"耒"。

《汉语大词典》解释"耒"字："古代一种可以脚踏的木制翻土农具。"

《现代汉语词典》（第7版）解释"耒"字："古代的一种农具，形状像木叉。"

显然，"耒"是由尖木棍发展而来的，在尖木棍下端安一横木便于脚踏，使它容易入土。仿"耒"形农具，应该使用了较长时间，"耕""耦""耘"都是"耒"字旁，都有"耕种劳作"的意思。

到了铜器时代，自然就产生了很多种铜质工具，不过应用的范围还是很有限的。

之后，终于发展到了铁质农具时代。大家对铁一定不陌生，直到现在，很多农具依然是用铁制作而成的。

在战国时期，铁质农具基本上替代了之前的各种农具。当铁器时代到来，一大批表示农具的字为"金"字旁，如"镰""锄"等。

7 工欲善其事，必先利其器

我们国家幅员辽阔，地域广袤，各地自然环境有很大的差别，这就会导致南方和北方的耕种条件不同。

北方气候易干旱，这就导致农作物对水分的要求常常不达标，而灌溉工具的发明就显得尤为重要了。南方雨量充沛，适合种水田，因此，一整套的符合水田种植需要的农具诞生了。

就算是有了工具，种田也实在辛苦。在我国古代，聪明的人们就已经意识到可以借助牲畜进行播种了，因此出现了牛耕田的场面。但是如果牛不够用的话，能不能用马、羊或者其他动物呢？

当然可以！

人们还为此发明出了一个工具叫挂钩，别小看这个东西，它可以把各种各样的工具同各种牲畜相连。

到了宋代和元代，农具发展更加成熟，既有人工的部分，又有牲畜的助力，同时人们又开发了用水力、风力驱动的农具，如代耕架和大型风车。

明清时代，我国农具的发展达到了巅峰，这些农具直到现在还发挥着作用。

悠久的农耕文明是我们中华文明的重要组成部分。我们的祖先借助生活经验，将农具一步一步发展起来。人们乐于思考，善于使用农具劳作，并在使用过程中不断对农具进行改进。

　　与其说这是工具的发展，不如说是社会的进步。同时，我们也可以看出，农具用字的字形演变与人类社会文明的发展进程是一致的。

8 粗茶淡饭

【释义】 粗：粗糙，简单。指简单的、不讲究的饮食。形容生活俭朴、清苦。

【出处】 黄庭坚《四休居士诗三首并序》："四休笑曰：'粗茶淡饭饱即休，补破遮寒暖即休'。"

【近义】 家常便饭　清茶淡饭

【反义】 山珍海味　锦衣玉食

科普知识

家里来客人时，爸爸妈妈总是要沏茶给客人喝。这是主人借茶表达对客人的尊重，以茶敬客之礼始于汉代。

《桐君录》中有这样的记载：交州、广州一带煮盐人，煮瓜芦木叶当茶饮，能使人通夜不眠，并"客来先设"。这大概就是客来敬茶的最早记载了。

据说茶叶最早是神农氏发现的，在唐代兴盛起来。

那么，一起来看看神农氏和茶之间的故事。

相传，神农氏在一棵茶树下支起锅煮水喝，一阵微风吹来，几片嫩叶飘入锅中。经过热水的煮泡，锅内的水芳香四溢。

神农氏轻轻品尝一口，顿时感觉神清气爽，于是，茶就这样被发现了。《神农食经》就有记载："茶茗久服，令人有力，悦志。"

还有一种说法是："神农尝百草，日遇七十二毒，得荼（通"茶"）而解之。"意思是说，神农氏在尝百草的过程中，吃了一种有毒的草药，最后是茶叶的汁水流到口中后才保住了性命。能解毒，自然也就成了茶的功效之一。

如果你够细心，会发现大街上常有"陆羽茶楼"的字样。陆羽是谁？他和茶有什么关系？

陆羽，唐代茶学家，被誉为"茶仙"，尊为"茶圣"，祀为"茶神"。

陆羽一生嗜茶，精于茶道，在他撰写的《茶经》里，对茶的性状、品质、产地、种植、采制、烹饮、器具等一一作了介绍。《茶经》是世界上第一部茶叶专著。

同时，有许多名茶都是陆羽发现的。人们很感激这位"茶圣"。据说，陆羽走后，山民为了纪念他对淮南茶的贡献，在紫阳洞中增设了他的神位。山民还将清明节定为敬茶神节。

民俗中还保留有"清明采新茶，试新火"的雅事。

事实上，从古至今，很多文人墨客尤其爱茶，他们写咏茶诗，绘茶画，制茶书，以茶为视角，用茶来记录人们的生活。

据不完全统计，《全唐诗》与茶相关的诗作有600多首，《全宋词》涉茶作品有300多首。

苏轼就曾在《和钱安道寄惠建茶》中赞茶："森然可爱不可慢，骨清肉腻和且正。"

郑板桥有一首题画诗："不风不雨正清和，翠竹亭亭好节柯。最爱晚凉佳客至，一壶新茗泡松萝。"

《中国茶画》收录了唐代至1949年前与茶有关的绘画名作近400幅。唐代、五代茶画细腻地展示了人们的品茶生活。

明清茶画中山水和人物相结合，将特有趣味融入画中，追求雅趣，天人合一。

我们常用茶敬客，在唐宋时期，人们也喜欢寄茶赠友。

据说，欧阳修刚得建安太守所赠的新茶，就急忙寄给好友梅尧臣，请好友品尝，同时还赠诗《尝新茶呈圣俞》。

除了赠送亲友，茶还常常用在婚嫁茶礼上。

《梦粱录》记述：男女相亲后，如果彼此中意，男方用珠翠、首饰、金器、缎匹、茶饼等，前往女方家报定。可见，茶在人们心中的位置丝毫不亚于珠宝首饰。

很多时候，我们都会有"茶是长辈们喝的"的错觉，事实上，并非如此，既然它和咖啡一样，拥有提神的效果，那么我们也可以倒上一杯来尝一尝。

9 八珍玉食

【释义】 泛指精美的肴馔。

【出处】 董解元《西厢记诸宫调》卷三:"阿母深居鸡犬安,八珍玉食邀郎餐。"

【近义】 山珍海味

【反义】 粗茶淡饭

科普知识

我们常常在书中看到"八珍玉食"这个成语,那你知道"八珍"究竟是什么吗?

过去有很多关于八珍的说法,比方说"上八珍""中八珍""下八珍",有些书中还出现过"八珍汤"。

但我们今天要说的是周八珍。所谓周八珍,就是《周礼》中所说的八珍。

《周礼·天官·膳夫》中说:"凡王之馈,食用六谷……珍用八物……""六谷"我们都不陌生,关于"八物",东汉郑玄注释道：这八物分别为淳熬、淳母、炮豚、炮牂、捣珍、渍、熬和肝膋。

"八珍"最初是指八种烹饪方式，后来一般指八种珍稀贵重的美味食品。

淳熬，"淳"在这里是"沃"的意思，指拌入动物油，"熬"是"煎"的意思，指煎肉酱，具体做法就是要先把肉酱熬熟，然后浇在陆稻米饭上，然后将提前炼好的动物油拌在里面。这样一来，肉酱和油脂的香味就会渗入米饭里，吃一口，香极了。你有没有发现，淳熬很像我们爱吃的盖浇饭呀！

淳母，"母"在这里"mó"，是像的意思，也就是说做法和淳熬很像。不同的是，淳母的米饭原料用的并不是陆稻米，而是黍米。

炮豚，这里的"炮"是制作美食的一种方法，将一头小猪掏去内脏，用大枣填满，再用芦苇把小猪缠起来，涂上一层泥，然后放在火中烧。听起来是不是很复杂？其实这只是第一步。炮好之后，剥去泥巴，揉搓掉小猪表面皱巴巴的皮，将事先调好的稻米粉糊涂遍小猪的全身，然后把小猪泡在一个盛满动物油的容器里。最后，把这个容器放入盛水的大锅里，再用火熬个三天三夜。好了，现在，终于可以把小猪取出来，品尝美味啦！

炮牂，制作方法和炮豚完全一样。不过，炮豚用的是小猪，而炮牂用的却是小母羊。食材不同，制作出来的味道自然也是不同的。

捣珍，制作起来比炮方便多了，选用牛、羊等动物的里脊肉，进行反复的捶打，把里脊肉里面的筋腱去除掉，这个时候就可以烹制了。熟后把肉取出来，再揉成肉泥食用。

渍，做法很简单，就是选用新鲜的牛肉切成薄片，然后放在美酒里浸泡一整夜，这样夹出来就可以就着肉酱、醋等品尝了。但要注意的是，切牛肉是要功夫的，要沿着肉的纹理横切，而且要越薄越好哦！

熬，是把牛肉、鹿肉之类的除去皮膜进行捶打，然后放在芦帘上，撒上调料，等干后食用。

肝膋，这里的"肝"指的是狗肝，制作方法也是很考究的。首先要用狗肠里面的脂肪将肝蒙起来，浇上调味汁料，放在火上烤。脂肪受热之后就会化开，慢慢渗到肝内。然后，将米粉化成糊，浸润在肝上。注意，这里还要用到狼的脂肪，切碎后和稻米一起制成粥，配合着已经做好的狗肝一起食用。

从上面的美食制作过程我们可以看出，早在两千多年前的周代，人们就已经很懂烹饪技术了，可见我国的烹饪文化历史悠久。

对不同种类的肉，采用不同的烹饪方法，而且，制作过程还很讲究刀工，甚至还常用到我们现在生活中所说的挂糊。怎么样，你是不是也很佩服他们呢？有机会，你也试着创造出一款新菜来吧！

山珍海味

【释义】 山珍：产自山里的珍异食品。指产自山里和海中的珍异食品。后泛指各种珍异味美的食品。

【出处】 韦应物《长安道》诗："山珍海错弃藩篱，烹犊炰羔如折葵。"曹雪芹、高鹗《红楼梦》第三十九回："姑娘们天天山珍海味的也吃腻了，这个吃个野意儿，也算是我们的穷心。"

【反义】 粗茶淡饭

科普知识

看到"山珍海味"，你是不是已经馋得直流口水了？好吧，这就是吃货的正常反应，不过可别光想着吃，咱得研究研究美食背后的故事。

我们今天的食谱非常丰富，天上飞的、地上跑的、水里游的都有。可是在古代，人们还没厉害到想吃什么就吃什么的地步，他们主要还是吃地上跑的和水里游的。

农耕时代，人们开始种植庄稼，这时候说的山菜，主要是指山野菜，尤其是在荤菜还很匮乏的年代，人们说的"菜"大多是指蔬菜，并不含荤菜。这些山菜还曾出现在诗人的笔下。

唐代被称为"诗僧"的贯休，他生活贫苦，主要以山野菜为食。他在《桐江闲居作十二首》中就有这样的诗句："村童顽似铁，山菜硬如莎。"

唐代孟郊，科举考试失败之后，一个人跑到山上去散心，写下《长安羁旅行》，其中有两句是："野策藤竹轻，山蔬薇蕨新。"这里的"山蔬"指的就是山间野菜，是素食。要说野兔子这样的荤菜，那得叫"山羞"。这是什么寓意呢？

"羞"字在《说文解字》中的解释是手持羊进献的意思，表示美食美味。只是后来演变出耻辱、害臊的意思。

事实上，"山珍海味"最初并不是这么叫的，而是叫"山毛海错"。

创造这个成语的人叫沈约，他在《究竟慈悲论》里面写："秋禽夏卵，比之如浮云；山毛海错，事同于腐鼠。"

"山毛"是啥？

其实并不难理解，"山毛"指的是山上带毛的兽类，其实就是指能从山间获得的荤菜。

"山毛海错"这个成语在流传使用一段时间后，大概是人们觉得这个成语不够文雅，到了唐代，大诗人韦应物便把"山毛"改成了"山珍"，从此，"山毛海错"变成了"山珍海错"。那么，到底什么时候这"山珍海错"又变成"山珍海味"了呢？

这得说说这个成语的出处，也就是《红楼梦》了。当时，流行白话文，《红楼梦》里就出现了很多人物对话，其中有一段涉及刘姥姥，她不会咬文嚼字，就很随意地说："姑娘们天天山珍海味的也吃腻了，这个吃个野意儿，也算是我们的穷心。"

后来，"山珍海味"也就渐渐地被大家熟知并且流传下来了。不过，"海味"的真正出现是在南北朝时期。

南朝的史学家萧子显在《南齐书》中有这样一段描写："虽在南土，而会稽海味无不毕致焉。"

"海味"是极其通俗易懂的，也就逐渐流传下来了。至于"海鲜"的出现，那就更晚了，直到宋代，陈造在《闻师文过钱塘》中写道："海鲜当日箸，雨鹊定随人。"这恐怕是"海鲜"的第一次出现。

我猜你一定想不到，"山珍海味"的身世如此离奇吧！

确实，每一个字词都是经过一段时间的考验后才被人们接受并使用的。可以说,每一个词甚至是每一个字都有它自己的故事。

11 虾兵蟹将

【释义】 指神怪小说里海龙王手下的兵将。后比喻爪牙帮凶或不中用的头目、喽啰。

【出处】 明·吴承恩《西游记》第三回:"东海龙王敖广即忙起身,与龙子龙孙、虾兵蟹将出宫迎道:'上仙请进,请进。'"

【近义】 乌合之众

【反义】 精兵强将

科普知识

在很多闹龙宫的民间故事里,总会出现虾兵蟹将的身影,它们充当着打手的角色,可以说是无恶不作。比方说,在著名的龙王欺压渔夫的故事里,虾兵蟹将专门负责掀船、夺宝、敲诈、绑架……总之,你所能想到的恶劣行径都是由它们来做。

最初是谁创造了"虾兵蟹将"这个成语呢?这和"虾"

"蟹"又有什么关系呢?

宋代傅肱《蟹谱》中说:"吴俗有虾荒蟹乱之语,盖取其披坚执锐,岁或暴至,则乡人用以为兵证也。"

这里的"虾荒蟹乱"是指,虾蟹多到成灾,把稻谷都荡尽了。在当时的情形下,社会动荡,战乱频繁,所以人们最害怕的就是战争了,当百姓看到那些虾蟹入侵到稻田,把稻田给糟蹋了,就认定这是不吉利的征兆。

也就是说,在人们眼里,虾蟹代表的是兵将的意思。这虽是人们的想象,但是也不无道理。虾和蟹身上都有硬硬的外壳,最前面的两只大爪子是不是很像手拿兵刃?这简直就像士兵全副武装的样子!

那"虾兵蟹将"又是从什么时候开始出现的?

具体时间已经无从考证了,不过是人们在口口相传中不断进行加工,最后形成的。

这个成语并不少见,尤其是在明朝和清朝出现的小说、戏曲当中。比方说我们都熟悉的《西游记》中就有这样的记载:"东海龙王敖广即忙起身,与龙子龙孙、虾兵蟹将出宫迎道:'上仙请进,请进。'"

"虾兵蟹将"和"龙子龙孙"能同时出现,可见它们在小说中的地位并不低。

不过，渐渐地，这些形象在人们的心中发生了变化。

先来说"虾兵"，在一个宋代石烛台上，有一个虾兵的形象，尖尖的虾头，身体像人，有手有脚，穿着长袍，手里拿着三股钢叉，刺向天空。虾头人身，是不是很滑稽？这或许就是人们头脑中想象出来的真正的"虾兵"的形象吧！

再来看"蟹将"，和"虾兵"可是完全不同，是在螃蟹的身上长出了人的手脚，手中握着大钳子到处横冲直撞。虽然这只是带有讽刺意味的漫画，却也代表了"蟹将"在人们心中的形象。

不过，这样的形象也在悄悄发生着转变，来瞧瞧它们可爱的一面！

在明代的《李卓吾先生批评西游记》中，虾兵和蟹将同时亮了相。蟹将看上去是一个彪形大汉，它的头是一整只蟹，八只脚分在两鬓，超级搞笑。它手里拿着旗幡，腰间系着丝绦。再看它旁边拿着钢叉的正是虾兵，它就是一整只大虾，头上的两条触须高高耸起，背上的斑节清晰可见，最搞笑的是它的神态，张着大嘴巴在向蟹将嘀咕着什么，右手还配合说话做着姿势，憨态可掬。

可见，这个时候的虾兵蟹将一改往日给人们的印象，从人们极度厌恶的形象转变成了可爱的滑稽形象。

成语与日常生活

　　无论是在民间故事里,还是在戏剧舞台上,抑或是在小说中,都有不同的虾兵蟹将的形象。可以说,它们虽是"小人物",平庸地存在着,偶尔却也称得上是点睛之笔。

藕断丝连

【释义】 藕已断开,丝还牵连着。比喻表面上关系已断绝,而实际上仍有牵连。

【出处】 孟郊《去归》诗:"妾心藕中丝,虽断犹牵连。"翟灏《通俗编·俚语对句》:"瓜熟蒂落,藕断丝连。"

【近义】 难舍难分　意惹情牵

【反义】 一刀两断

科普知识

生活中我们离不开植物,可以说,植物为我们的生活提供了很多必不可少的东西,比如释放氧气、提供食物、治病救人等。

在说藕之前,得先说说"出淤泥而不染"的莲。

莲我们都不陌生,在植物当中,它算得上是比较特别的一个,它生在水中,长在水中,最后又死在水中。它的一生给我们提供了很多东西。美丽的花朵和大大的叶子可供人们欣赏，而那被埋在淤泥中的一节一节的茎就是我们爱吃的藕。

周敦颐曾在《爱莲说》中这样感叹道："晋陶渊明独爱菊。自李唐来，世人甚爱牡丹。予独爱莲之出淤泥而不染，濯清涟而不妖，中通外直，不蔓不枝，香远益清，亭亭净植，可远观而不可亵玩焉。"

意思是说，晋朝陶渊明唯独喜爱菊花。自唐朝以来，世间的人们非常喜爱牡丹。我唯独喜爱莲花，它从淤泥中长出来，却不沾染污秽，在清水里洗涤过但是不显得妖媚，它的茎中间贯通，外形挺直，不生枝蔓，不长枝节，香气远播，更加清香，笔直洁净地立在那里，可以远远地观赏但是不能玩弄它。

这种对莲的赞美一点也不为过，事实上，除了美，更让人离不开它的还有藕。

藕的神奇之处在于，如果你把它折断，会发现两截藕段之间有无数条细细的丝相连。细丝越拉越长，直到10厘米左右才会断开。

其实，这种情况不只发生在藕里面，在莲的叶柄、花柄里也有这种细细的丝，那这种细细的丝到底是什么呢？

我们都知道，植物的生长需要养分和水分，你有没有想过，植物的根吸收水分和养分后，是怎么把它们输送到植物的各个部位的呢？

植物要是像我们人类一样有血管就好了！别着急，在植物体内，其实也有输送养分的组织，只不过它们不是血管，而是很多空心的细管。一株植物，不管是它的叶子、花朵，还是果实，通过细管的输送，都能够获得养分。

不过，这里要说明的是，不同的植物，构成细管的细胞排列的方式是不一样的。比如莲，它的组织是螺旋状的，如果你拿放大镜看，会看到它们的形状简直和弹簧一模一样。

所以，当我们把藕折断时，这螺旋状的细管并没有断，它们还能像弹簧一样被拉长。

现在，你知道那细细的丝是什么了吧？没错，就像我们的血管一样，是专门负责给莲的各个器官输送养分的。

那你知道藕里面的孔有什么用吗？藕在淤泥里也是要进行呼吸的，这些孔可以作为输送空气的管道，把叶子吸进来空气很顺畅地输送通到藕的各个部位。

怎么样，植物的聪明程度是不是让你大开眼界呢？

我们人类有自己的生存之道，植物也是一样的，有很多植物都像莲一样，身体拥有很多便于生长的特点，比如沙漠里的仙人掌、爱吃昆虫的猪笼草等。如果你还不了解这些植物，赶紧找相关资料看一看吧！

● 成语与日常生活

消除挑战
趣味猜谜
历史典故
成语之最

微信扫码

13 望梅止渴

【释义】 口渴时想到就要吃到梅子，流出口水，就不渴了。比喻用空想来安慰自己。

【出处】 刘义庆《世说新语·假谲》："魏武行役失汲道，军皆渴，乃令曰：'前有大梅林，饶子，甘酸可以解渴。'士卒闻之，口皆出水，乘此得及前源。"王晔《桃花女》第二折："你休言语，怎成合，可正是望梅止渴。"

【近义】 画饼充饥

科普知识

先来看一个故事。

东汉末年，曹操带兵去攻打张绣，一路走得非常辛苦。当时正是盛夏，太阳火辣辣的，曹操的军队已经走了很多天了，十分疲乏。这一路上又都是荒山野岭，方圆数十里也找不到水源。将士们一个个口干舌燥，几乎每走几里路，就有人中暑倒下。

曹操急坏了，他策马来到一个山岗上，放眼望去，尽是龟裂的土地，根本没有水源，这可怎么办呢？

曹操灵机一动，返回到队伍中对大家说道："前面不远处有一大片梅林，结满了又大又酸的梅子，大家再坚持一下，我们很快就能吃到梅子啦！"

将士们一想到酸酸的梅子，立刻生出了不少口水，一个个精神振作起来，就这样坚持走到了有水的地方。

这就是我们常说的望梅止渴的故事，可是，你知道这里的"梅"指的是什么吗？

是青梅还是杨梅？注意，这两种果实是不一样的。

梅的果实叫"梅子"，形状有点像球，外面有细细的绒毛，咬一口，酸酸的。梅子在还没成熟的时候是青色的，所以我们称它为"青梅"，成熟之后是黄绿色，这一点和我们常吃的杏子有点像。

而望梅止渴中的"梅"指的就是梅子，也就是"青梅"。

青梅的最大特点就是酸，就算是成熟之后，尝一口也仍然是酸酸的。酸味的果实大多有生津解渴、消除疲劳的作用，曹操大概是知道梅子的这个作用吧。

好了，现在来考考你，看看下面的梅指的是不是"青梅"。

李白在《长干行》中写道:"郎骑竹马来,绕床弄青梅。"这就是"青梅竹马"的出处。那么你知道这里的"梅"指的是什么吗?

其实,这里的"青梅"指的是可以吃的果梅,并不是两个人一起观赏梅花的意思哦!

我们常在诗词中看到描写梅雨,比方说宋代赵师秀的《约客》中说:"黄梅时节家家雨,青草池塘处处蛙。"你知道我们常说的"梅雨"中的"梅"指的是什么吗?

先来看看什么叫梅雨季节,就是长江中下游地区,在每年的6月中下旬至7月上半月之间,持续阴雨天。这个时节正是江南梅子成熟的季节,所以被大家称为"梅雨"。

上面说到的都是果,现在,我们来说说花。

据考证,早在三千年以前我国就开始栽培梅花,后来在各个朝代都有所发展,梅花的品种也不断增多,比如我们常见的红梅、白梅等。

梅历来被文人墨客、高雅之士所推崇,对于梅花,人们向来不吝赞美之词,古诗、典籍中更是常常提到。

例如,赞美它高洁、坚韧的有"宝剑锋从磨砺出,梅花香自苦寒来";用来表达思念友人的有"折梅逢驿使,寄与陇头人";还有赞其洁身自好的《梅花赋》中写道"独步早春,自全其天"。

除了诗句,人们还爱画梅,但不论是史书记载,还是古诗吟诵,或者是传神绘画,人们都对梅花给予了极高的评价。确实,美好的梅花值得人们深深地赞美。选择一个有意义的日子,种上一株梅,静静等待花开,也是一种美。

14 篝火狐鸣

【释义】 篝火：在竹笼中点火，隐隐约约的如同鬼火。指发动众多士兵起义。也比喻用计谋策划起事。

【出处】《史记·陈涉世家》："又间令吴广之次所旁丛祠中，夜篝火，狐鸣呼曰：'大楚兴，陈胜王。'"许叔平《里乘·有外山王后论》："惟某甲能知天命，甘心伏剑，使一切篝火狐鸣、妄希非分者观之，亦可爽然自失矣。"

【近义】 揭竿而起

科普知识

还处于远古时期的人类就会"烤"食了，换句话说，"烤"是先民们最重要的熟食加工方法。

我们今天说的"烤"大致指的是挂炉烤、明炉烤、焖炉烤和泥烤，那么你知道古人所说的"烤"主要有哪几种吗？

据文献记载，主要有"炮""炙""燔"三种。

这里要强调的是，在当时还没有出现过"烤"这个字，只是后来经过人们的一番推敲，可以断定，"烤"其实是"炮""炙""燔"的总称。

先来说炮，炮是上古时期人们最常用的烤食方法。徐灏在《说文解字注笺》中说："炮本连毛裹烧之名，故用'包'为声。"可见，炮其实就是把带毛的肉类用泥包裹住再放到火中烧烤。

再来看炙，炙也是古人采用的一种烤食方法。唐人孔颖达在《毛诗正义》中说："炕，举也，谓以物贯之而举于火上以炙之。"意思是说，炙，就是把生肉用木棍或者其他棍状的东西穿起来，在火上进行烧烤。不过要注意的是，炙法要求在烧烤的过程中不停地转动穿肉的木棍，这样才能使肉受热均匀，成熟一致。

你有没有发现，"炙"其实就很像我们现在的烧烤了，签子就是那木棍，在烤的过程中，要常常进行翻转，这样才能保证烤好的肉熟而不焦。

现在来说说"燔"。"燔"和"炮"很像，但是"燔"不需要用泥巴将肉裹住，而是直接把肉架在三根或者多根木棒的支撑点上，放在火上转着烧。

可以说，正是古代人的聪明才智才有了"炮""炙""燔"这样的烤食，从最初的简单烤法再逐渐发展到今天的泥烤、明炉烤、挂炉烤、焖炉烤等。

其中泥烤和远古时期的烤食方法就非常接近，就是将收拾干净的鸡、鸭用荷叶裹住，再用黏土包住，放在火中直接烧烤。

明炉烤，是用砖砌成一个炉槽的形状，在里面烧上一些木炭，把肉穿起来在炭上来回翻转，直到肉烤熟了。这种烤食方法和古代的"炙"是不是很像呢？

再来说说挂炉烤，我们常吃的烤鸭其实有很多就是用挂炉烤的方式烤出来的，是由古代的"燔"转变而来的。

当我们了解了炮、炙、燔的详细方法后，也就找出了今天的诸多烤法和古代烤法之间的对应关系。这是一种传承，也是一种发展，更是一种饮食文化的创新。

15 鹬蚌相争，渔人得利

【释义】 鹬：一种水鸟。争：争持，对抗。比喻双方相争，两败俱伤，却使第三方得利。

【出处】《战国策·燕策二》："赵且伐燕，苏代为燕谓惠王曰：'今者臣来，过易水，蚌方出曝，而鹬啄其肉，蚌合而拑其喙。鹬曰：'今日不雨，明日不雨，即有死蚌。'蚌亦曰：'今日不出，明日不出，即有死鹬。'两者不肯相舍，渔者得而并禽之。"

【近义】 坐山观虎斗

科普知识

鹬鸟对我们来说并不常见，但是对于蚌你一定不觉得陌生，说不定还吃过呢！关于蚌，你到底了解多少呢？一起来学习一下吧！

我们都知道，蚌是一种水生动物，它和鱼类一样，也是用鳃呼吸的。它的两片鳃很大，蚌在活动的时候，水流就会

15 鹬蚌相争，渔人得利

不断地经过鳃，这个时候，富含氧气的水流和血管中的血液进行气体交换，也就是吸进氧气，排出二氧化碳。

蚌主要生活在江、河、湖、沼里面。

如果你家住在靠近水的地方，那么恭喜你，你有口福啦！每年在天气乍暖还寒的清明节前后，吃河蚌怕是最幸福的一件事了。

划上一条小船，沿着浅河边一点点搜罗，你放心，用不了多久你就能摸到一大盆。这是因为春光明媚时节，憋了整整一个冬天的河蚌都出来舒舒服服地晒太阳了。

更幸运的是，这个时候像蚂蚱、各种微生物还没有活跃起来，这时的河蚌是最干净的，而且也是肉质最肥厚的时候，不但味道鲜美，还有一定的药用价值。就像民间流传的："春天喝碗河蚌汤，不生痱子不长疮。"

但要注意的是，收拾河蚌并不是那么简单的，或者说，非得有一点经验才行。

在把河蚌洗好后，用一把粗盐揉搓河蚌肉，搓出黏液后洗净，再加盐揉搓一遍。还没完！这样的工序还要再重复两三遍，直到基本没有黏液才行，洗净沥干水分后就可以按照自己的口味进行烹制了。

河蚌不仅味美，营养丰富，而且全身都是宝，既能养阴又能清火、明目。但是，这样的河蚌可不是吃得越多越好，因为它本身偏寒性，那些不能吃生冷食物、脾胃虚寒的人群不宜食用。

我们食用河蚌的时候，吃的都是它的斧足。斧足是什么呢？简单来说，有点像我们的脚。

蚌的行动能力很弱，环境平静时，由韧带牵行，微微张开双壳，徐徐伸出斧足。一般斧足向壳的前方伸出，并固定在泥地上，再收缩蚌体向前移动。

这种爬行非常缓慢，通常一分钟只前进几厘米。如果你仔细观察，会发现凡是蚌体经过的地方都留有一条浅沟。

蚌的身体很柔软，活动能力很小，"鹬蚌相争，渔人得利"故事中的鹬鸟应该是禁不住那鲜美蚌肉的诱惑，才会将嘴巴伸了过去。但是，蚌却有两片坚硬的石灰质的贝壳保护着身体，遇到敌害向它进攻的时候，斧足会迅速缩回，闭壳肌同时急剧收缩，把两片贝壳紧紧地关闭起来，形成一道攻不破的"铜墙铁壁"。

可怜的鹬鸟啊，只想到了吃，却忘记了背后的危险。不过话说回来，河蚌和鹬鸟在谁也无法取得优势、战胜对方的情况下仍然死活都不肯退一步，可见它们都是不明智的。

生活中，我们也常会遇到和朋友发生争执的时候，那个

15 鹬蚌相争，渔人得利

最先退让的人一定是更有胸襟和气度的，遇事让他三分，不是你败了，而是你更有智慧！

16 南橘北枳

【释义】 枳：落叶灌木，浆果球形，黄绿色，味酸苦。南方的橘移植到北方就会变成枳。比喻同一事物因外界环境的改变而发生变异。

【出处】《晏子春秋·内篇杂下》："橘生淮南则为橘，生于淮北则为枳，叶徒相似，其实味不同。所以然者何？水土异也。"

【近义】 染丝之变

科普知识

"南橘北枳"这个成语我们常常会用到，可是你知道吗，这种说法是对橘和枳有一定的误解。那么，为什么还会出现"南橘北枳"呢？

有人曾经这样解释：这大概是由于古人观察不够细致造成的误解。

早在春秋战国的时候，人们就已经知道怎么用枳树作砧木，用橘树的枝条作接穗，也就是通过嫁接来繁殖橘苗了。

可是他们却忽略了一个重要的问题——

橘树只能在零下9 ℃以上的环境下存活，枳树就不一样了。枳这种植物本身非常喜欢阳光温暖的地方，同时它又比较耐寒，即使是在零下20 ℃下，也一样能够存活。也就是说，两种植物对温度的要求差别很大！

所以，当人们把橘树嫁接到枳树上，并且在淮北进行培植时，就会发现，橘树的枝条根本没办法正常生长，换句话说，嫁接过来的枝条都被冻死了。可是，枳树却活得好好的！

到了第二年的春天，枳树慢慢发出新的嫩芽，长出枝条，慢慢长大后开花结果。注意，这里结的果子是枳而不是橘。

可是，古人却误以为是环境的改变导致树也跟着发生了变异，从而橘树结出了枳。

现在你知道为什么说古人对这个成语有误解了吧！事实上，关于植物的生长、开花、结果远不像我们上面说得那么简单。如果非要再详细解释一下的话，那么只能说，我们的认识是植物的遗传结果，也就是枳树只能结出枳来；而古代人的认识是变异的结果，也就是橘树变异，结出枳来。

那么，我们现在就来认真了解一下橘和枳。

橘是一种常绿乔木，树枝细，通常有刺，叶子长卵圆形，果实球形稍扁，果皮红黄色，果肉多汁，味酸甜。

枳是落叶灌木或小乔木，茎上有刺，叶为复叶，有小叶三片，小叶倒卵形或椭圆形，花白色，果实球形，黄绿色，味酸苦。

可见，除了外形，它们最大的区别怕是只有味道了，橘味甘，枳味苦。

橘和枳还有一个共同点，那就是可供药用。橘的果皮、种子、叶子都可以入药。尤其是枳，中医用以破气消积、化痰散痞，是常用的理气良药。

枳除了能入药，还有解酒的妙用，《滇南本草》中就有这样的记载：枳子"治一切左瘫右痪，风湿麻木，能解酒毒；或泡酒服之，亦能舒筋络"。

下次，再提到"南橘北枳"时，你也可以把这些有趣的知识分享给小伙伴哦！

17 邯郸学步

【释义】 邯郸：战国时赵国都城。学步：学习走路的姿势。比喻模仿别人不到家，连自己原来会的东西也忘了。

【出处】《庄子·秋水》："且子独不闻夫寿陵余子之学行于邯郸与？未得国能，又失其故行矣，直匍匐而归耳。"

【近义】 东施效颦

科普知识

说起走路，我们很小的时候就学会了，但是你知道吗，在古代，孩子一生要学两次走路，这是为什么呢？

这得从古代走路的礼法说起。古代的孩子第一次学走路自然是一两岁的时候，可第二次走路却是到了入学年龄时学的走路礼仪。

朱熹在《童蒙须知》中就有这样训诫孩子的话："凡步行趋跄，须是端正，不可疾走跳踯。若父母长上有所唤召，却当疾走而前，不可舒缓。"

意思是说，孩子走路要从容、端正。通常情况下，不能手舞足蹈、慌慌张张，更不能蹦蹦跳跳，而是要稳稳当当地走，这就是我们常说的"安步"。如果是父母长辈召唤你，那么你要快步走上前，不可以磨磨蹭蹭。

除了孩子，古代的士大夫外出那也是有要求的，比方说士大夫外出是不步行的。孔子在他不做官以后还说："吾从大夫之后，不可徒行也。"

但是人总是要走路的呀，而士大夫们走路就有很多的规矩，这就变成了礼仪的一部分。

《礼记》中就有很多关于走路的礼仪，比方说"帷薄之外不趋，堂上不趋，执玉不趋"。趋，在这里是小步快走的意思。意思是说，帷薄之外的人看不到里面的人，不必趋；堂上地方狭小，不必趋；拿着玉担心把玉摔坏，不必趋。

"三不趋"告诉人们：在其他地方或场合都可以趋或必须趋。在尊者面前要趋，在君王面前更要趋。

另外，走台阶时，先迈哪只脚都是有规矩的。《曲礼》中就说："上于东阶则先右足，上于西阶则先左足。"

学习走路还有一个不能不提的重要原因，那就是鸣玉佩。

鸣玉佩是什么意思呢？

古人都有一个习惯，那就是佩玉，可以说，玉是古人品质、身份的标志。如果你以为佩玉只是给人家看的，那你可就大错特错了。

事实上，佩玉还与走路有关。

《诗经·秦风·终南》中有"君子至止，黻衣绣裳。佩玉将将，寿考不忘"。

意思是说，有位君子到此地，穿着青黑上衣和五彩下裳，也就是当时的贵族服装，身上玉佩响叮当，富贵高寿不能忘。

句中的"将将"，其实是象声词"锵锵"，也就是玉佩发出的声音。人的走路姿势不同，玉佩发出的声音也不同。如果是蹦跳着走，那么玉佩发出的声音一定是急促的，不太悦耳。但如果你脚步轻松，步调均匀，玉佩自然会发出和谐悦耳又清脆的声音来。

不过，你可千万别小瞧这走路的功夫，如果没有经过训练，是很难满足礼仪要求的。

"既服，习容，观玉声，乃出。"穿好了衣服，还要好好端详一下自己的容貌，走两步听听玉的声音，一切都妥帖了，才能走出门去。

你现在知道古人出门前有多麻烦了吧！要想让玉发出的声音始终保持和谐动听，那你就不能走太快，也不能走太慢，要做到刚刚好。

邯郸是一个很讲礼仪的地方。"邯郸学步"中的那个燕国人如果身上戴着玉佩，怕是很难听到玉佩发出的动听声音了！

18 觥筹交错

【释义】觥：古代的一种酒器。筹：行酒令的筹码。酒器和酒筹交互错杂。旧时形容相聚宴饮的欢乐。

【出处】《诗经·小雅·楚茨》："为宾为客，献酬交错。"欧阳修《醉翁亭记》："射者中，弈者胜，觥筹交错，起坐而喧哗者，众宾欢也。"

【近义】传杯弄盏

科普知识

俗话说："无酒不成礼，无酒不成欢。"的确，自从有了酒，人们就再也离不开它了，为了酒，还制作出了各种各样用来盛酒的酒具。

看那些稍有年代感的电视剧时，常听到一个词，那就是"吃酒"，你知道这个时候为什么用"吃"而不是"喝"吗？

其实，这就是最初酿酒技术不够发达造成的。最原始的酒并不像我们今天的酒那样是纯液体状的，而是像糨糊一样，你想想，这样的酒怎么能用来喝呢？

所以古代的人们都把它作为食物来吃。用来盛酒的器具自然也就没什么特别，和平时盛食物用的器具一样。

那么，是从什么时候开始，酒具和餐具就有区别了呢？

这事儿咱们得从一个漏斗形的滤酒器说起。

浙江余杭的良渚文化墓葬出土一个黑皮陶漏斗形流滤酒器，有盖，将酒液倒入滤酒器，经过过滤，残渣留在过滤器内，再将纯净的酒倒出，供人饮用。

可见早在石器时代，人们就已经熟练使用滤酒器了。这也说明，这个时候人们已经开始注重酒的质量了。

随着技术的不断发展，人们对酒具的选择也越来越讲究。

到了商代，酒具就已经有了很大的发展，滤酒器、盛酒器、温酒器、煮酒器、挹酒器、饮酒器等应有尽有。

一起来认识一下"牺尊"。

牺尊造型生动，是仿照动物形象做成的。牺尊肚子又大又鼓，可以盛酒。在《周礼》六尊之中，牺尊最为华美，是祭祀中常用到的一种盛酒器。

还有一种盛酒器我们不能不提，那就是本文的主角——觥。"觥"在古代既是盛酒器，也是罚酒器。

整个酒器也是仿照动物形象做成的，觥盖做成动物的头和脊背连接的形状,用来斟酒的流部是动物的脖颈,远远望去,线条清晰,非常生动。

至于"筹",它虽然不是用来盛酒的器具,只是古代投壶用的签子,但是在那个"觥筹交错"盛行的年代,筹却是人们在酒宴中离不开的物品,在人们的心中,它和筹筒、投壶共同组合成了一套完整的娱酒器。只有饮酒和娱酒结合在一起,才算得上真正的宴饮呢!

到了大唐盛世,饮酒之风更甚,这里就不能不提对酒痴迷的大诗人李白了。人称李白斗酒诗百篇,可见,酒不光有助兴的作用,还能激发文人墨客的创作灵感呢!

到了今天,酒具的种类数不胜数,甚至不同的酒类所用的器具也是不一样的,比方说喝红酒就要讲究醒酒器和高脚杯的完美搭配,可要是喝啤酒,那很有可能用大海碗喽!

19 对酒当歌

【释义】 当：对。对着酒对着歌，即边饮酒边听歌。原指人生短促，应该及时有所作为。后也指人生应及时行乐。

【出处】 曹操《短歌行》："对酒当歌，人生几何！"李汝珍《镜花缘》第七十八回："游玩一事既已结过，此刻是'对酒当歌'，我们也该行个酒令多饮两杯了。"

【近义】 醉生梦死

科普知识

古代酒席间的游戏有很多，我们先来说说大家都比较熟悉的"投壶"助酒。

可以说，"投壶"是古人酒席间的重要娱乐活动。早在春秋时期，"投壶"就已经很受欢迎了，不管是诸侯盛宴，还是三五好友小聚，都离不开投壶助兴。

晋国国君晋昭公即位，宴请四方宾客。宾主推杯换盏，兴致盎然，于是玩起投壶游戏来。游戏要求宴会嘉宾分别将没有镞的箭投向不远处的一个投壶，谁投进谁胜。

再来说说深受大家欢迎的"歌舞助兴"。这里说的歌舞助兴并不是单纯的观赏性的，而是席间一些出席者的自唱自舞。

《诗经·小雅·宾之初筵》中有这样的记载："宾之初筵，温温其恭……舍其坐迁，屡舞仙仙。"

意思是说，宴席刚开始的时候，人们还都是很文雅地坐在席上，简单地喝着酒、吃着菜。但是到了酒酣耳热的时候，人们就会情不自禁离开席位，载歌载舞起来。

这种助兴形式在皇家贵族中也是极常见的。

唐朝诗人李商隐有诗："龙池赐酒敞云屏，羯鼓声高众乐停。"诗句描写的就是唐玄宗宴请宾客的情景，一起来欣赏一下当时的场面吧！

据传，唐玄宗在宫中宴饮作乐，现场丝竹繁盛，鼓乐齐鸣，欢乐的气氛无以言表。但是，唐玄宗却偏偏更爱羯鼓。

为了让他高兴，羯鼓的声音异常高亢，相比之下，其他的乐音就低调多了。但这并不影响整体的氛围，甚至，这咚咚的鼓点使人忍不住要扭一扭，跳一跳。

唐朝大诗人白居易也曾写过："我昔元和侍宪皇，曾陪内宴宴昭阳。千歌百舞不可数，就中最爱霓裳舞。"描写的正是自己参加昭阳殿酒宴时观赏《霓裳羽衣舞》的画面。

再来说说"曲水流觞"。

"流觞",用的是一种椭圆形的、有一对新月形的杯柄的盛酒器,人们称它为"耳杯"。

饮酒来了兴致,人们会将盛着酒浆的耳杯放在溪水里,让它像小船一样沿着曲折的溪水漂浮而下,耳杯漂到谁面前,谁就必须将酒喝掉,更重要的是还要赋诗一首。

如此高要求的玩法,怕是一般人都不敢参与,非得文人雅士不可。

古代人助酒的游戏还有很多,但是不管是什么形式的游戏,目的只有一个,那就是尽兴。美酒和游戏,就像是两个好兄弟,谁也离不开谁!

20 茹毛饮血

【释义】 茹：吃。指原始人类还不知熟食，连毛带血生吃鸟兽等。

【出处】《礼记·礼运》："未有火化，食草木之实、鸟兽之肉，饮其血，茹其毛。"萧统《文选序》："冬穴夏巢之时，茹毛饮血之世。"

科普知识

中国的饮食文化是相当悠久的，但要说起最初的饮食，那得先从中国的石器时代说起。

在人类活动的早期，食物比较单一，不像我们今天这样丰富，人们想吃什么就做什么。当时的人们靠采集蔬果和狩猎为生，所有的食物都是直接生吃。

在当时，人们对食物并没有口味上的追求，只要能填饱肚子就好，当时的原始人还不懂得用火，饿了就吃鸟兽的肉和草木的果实，渴了就喝动物的血和溪里的水，冷了就披上树枝或者动物的毛皮。这种看上去很像动物饮食的状态后来被人们称作"茹毛饮血"。

《礼记·礼运》中说:"昔者先王……未有火化,食草木之实、鸟兽之肉,饮其血,茹其毛。"这应该是描述"茹毛饮血"的最准确的状态。

那么,这种状态是什么时候发生了变化呢?

这得说说有巢氏。他是古籍中记载的我国历史上最早的一位圣人,在饮食方面,他最早发明了"脍"和"捣"两种处理肉的方法。

"脍"就是用石头把肉割成片;"捣"就是用石头把肉捣松散。

有了这两种方法,食物吃起来可就方便多了,甚至,口味都在一点点发生着变化。

然而,随着人们捕猎能力的不断提升,就有了越来越多的剩余食物,但是这些食物又很难长时间放置,常常不等吃完就已经坏掉了。好不容易捕猎来的食物,就这样扔了实在可惜,这可怎么办呢?

就在人们为剩余食物如何处理而烦恼的时候,聪明的有巢氏又发明出了"脯"和"鲊"两种保存肉的方法。

"脯"是先把肉割成一片一片的,然后风干;"鲊"是先在肉上抹一些"调味料",再进行风干保存。

怎么样,是不是与我们现在的吃法很像?"脯"就像我们现在吃的肉干;而"鲊"就像我们今天吃的腌渍的咸肉。

有了这两种办法,即便没能捕猎到动物,人们也依然不用担心会饿肚子。

那么,人们又是从什么时候开始吃熟食的呢?

这得从山火说起。电闪雷鸣的天气,最容易导致山火,但是人们并不认识火,对火充满了畏惧。可令人意外的是,山火过后,常常散发出一种香味,那是烤熟野兽和坚果的味道。有人大胆地将这些食物放进嘴巴,却没想到,满口留香。

从此,人们告别了"茹毛饮血"的时代!

不过,直接用火烧食也有让人难以接受的地方,比方说把肉直接丢进火里,常常被烧煳了,这样肉就变得苦了。

后来,人们又摸索出一个好方法:用泥浆把肉裹好,再扔进火堆。这样一来,肉又香又嫩。这其实就是我们之前介绍的"炮"。如今"叫花鸡"的做法大概就是来源于此吧。

自从人们懂得了如何用火,从前那些鱼、蚌等吃起来带有腥味的食物都变成了美味佳肴。这种烤食的方法虽然是最原始的,但却一直延续至今,譬如说我们常吃的烧烤。

到了新石器时代,人们开始了种植业、养殖业和制陶业。

终于，人们的食物变得越来越丰富，食用方法也不只有烤，还出现了蒸、煮、炖、涮。在5000多年前的黄河流域，已经是遍地炊烟袅袅，饭香四溢了。

可见，我们今天烹饪食物用到的方法，很多都是先人们绞尽脑汁想出来或者尝试很多次后总结出来的。我们不仅要珍惜食物，更要懂得食物背后的故事。

21 杯盘狼藉

【释义】 狼藉：杂乱的样子。形容宴饮完毕时杯盘凌乱的情景。

【出处】《史记·滑稽列传》："日暮酒阑，合尊促坐，男女同席，履舄交错，杯盘狼藉，堂上烛灭。"纪昀《阅微草堂笔记·姑妄听之二》："一日，自兴济夜归，月明如昼，见大树下数人聚饮，杯盘狼藉。"

科普知识

每每吃上一顿美味的大餐，我们都免不了选上一套精致的餐具，好像只有这样，才能品出美食的最佳味道来。可是，你知道餐具是怎么诞生的吗？又是如何一步步发展到今天的？让我们一起穿越回新石器时代去看一看吧！

在人们结束了"茹毛饮血"的生活后，也就是在新石器时代，人类的饮食文化才渐渐有了发展，尤其是制陶业的出现，标志着餐具的诞生。

人们考古发现，在新石器时代的早期，其实就已经出现餐具了，主要是碗、钵、盘、杯这些最简单但也最常用的餐具。这些餐具基本上都是用红陶制成的，还有些餐具（如勺子）是用动物的骨头削成的。

从这些餐具可以看出，在新石器时代，人们不但懂得了怎么使用餐具，还能不断地发明出新餐具来。

在新石器时代的中、晚期，除了上面提到的几种餐具外，还出现了觚、尊、皿、壶等。在材质上也有了一点变化，不再只是红陶，还出现了彩陶、灰陶、黑陶和蛋壳陶，可以说，种类是越来越多。

发展到夏商周时代，餐具的种类更加丰富，出现了角、爵、斝，更重要的是出现了箸，也就是我们现在每天都要用的筷子。

在夏商周时代，青铜器出现了！在所有的青铜器中，餐具占了绝大部分，人们已经不满足于现有的餐具种类了，还发明出了各种各样的酒器。

时间来到了春秋战国时期，这一时期对餐具来说最重要的变化就是餐具的形状。

比方说，我们之前提到的勺子最初是尖叶形，人们觉得舀食费力，就渐渐改变成宽柄尾的舌形，这样的勺子能舀很多食物，但是用起来又不太顺手，于是，人们又把它改变成窄柄舌形。这下，人们终于找到了餐勺的最佳形状，一直沿用下来。

这个时期筷子的使用越来越普遍了，而且材质上也是多种多样，比如骨制的、象牙雕饰的、铜制的。

现在，我们的餐具绝大多数都是瓷的，那么，人们是从什么时候开始使用瓷质餐具的？

其实在汉代，青瓷的碗盘就比较普遍了，而且，这个时候人们已经在使用竹制的筷子了。后来在唐代，金银餐具受到人们的追捧，尤其是在一些贵族家庭中，但是使用时间却是很短暂的。

发展到明清时期，瓷器的生产工艺达到了最高峰，但是人们的注意力已经从如何制作餐具转变到如何装饰餐具，釉彩工艺渐渐运用在几乎每一件餐具上。

每日三餐，我们都是很随意地拿起碗筷，却很少考虑过它们是如何出现在今天的餐桌上的。阅读了这篇文章，再吃饭时，希望你也可以把手中碗筷的故事讲给家人们听一听！

● 成语与日常生活

⊘ 消除挑战
⊘ 趣味猜谜
⊘ 历史典故
⊘ 成语之最

微信扫码

22 釜底抽薪

【释义】 釜：锅。薪：柴。从锅底下抽掉柴火。比喻从根本上解决问题。

【出处】《吕氏春秋·尽数》："夫以汤止沸，沸愈不止，去其火则止矣。"《儒林外史》第五回："如今有个道理，是'釜底抽薪'之法。只消央个人去把告状的安抚住了，众人递个拦词，便歇了。"

【近义】 抽薪止沸

【反义】 扬汤止沸

科普知识

每一天，父母都会变着花样给我们做吃的，有的煮，有的蒸，有的炸，有的炒，不同的做法自然有不同的味道。能够做出如此花样繁多的美味食物，除了有父母的功劳，自然还有炊具的功劳。

如今，我们家里有各种各样的炊具。那你有没有想过，古代的炊具是什么样的？或者说，我们今天的炊具是如何演变来的？

自从人类懂得用火之后，炊具也就渐渐出现了。不过那时候人们还没有找到更优质的材料来制作炊具，有的只是树皮、竹子和动物的皮等，这些在原始人眼里，就是他们的"锅"。

随着时代的发展，人们渐渐有了真正意义上的"锅"，首先来看一种——鼎。

鼎是古代的炊具，大多是用青铜制作而成的，圆形，两只耳朵三只脚，不过偶尔也会看到方形四只脚的。在当时，人们根据鼎的用途不同，主要分为镬鼎、升鼎、羞鼎三类。

镬鼎的个头儿很大，有的足足有1米高，圆圆的大肚子足足可以煮一头牛！

升鼎呢，和镬鼎不一样，首先没有镬鼎那么大，也不是用来煮肉的，而是主要用来盛放镬鼎煮熟的肉，这是不是有点儿像我们今天用的盆呢？

羞鼎就更不一样了，它个头儿不大，主要是用来盛羹汤、肉酱一类的调味品。

镬鼎煮过肉后要放在升鼎里，升鼎里的熟肉要蘸着羞鼎里的调料吃，这样看来，三种鼎完全是一个套件啊！

再来说说煮粥烧水用的鬲。鬲最早出现在新石器时代，和鼎的形状有点相似，它上面有盖子，下面有三只脚，中间呢，自然就是用来装东西的。

既然鬲是用来煮粥烧水的，那么人们在鬲的制作上算是下足了功夫。比方说，为了最大限度增加受火面积，人们就将鬲的腹部制作成袋形，这样更容易将食物煮熟。而且，人们还将它的三只脚做成中空的，便于炊煮加热。

我们来想象一下，袋形的鬲放在火上煮粥，这样的锅实在不好搅拌，那么煮出来的粥其实是很容易糊掉的，可见，鬲作为锅，还是有很多不完美的地方。所以，到了战国末期，釜逐渐取代了鬲，而鬲自然就慢慢退出了历史的舞台。

关于釜我们应该都不陌生，毕竟我们都学过"破釜沉舟"的故事。曹植也曾写道："煮豆燃豆萁，豆在釜中泣。"这里的釜其实是有多种用途的，因为它是一种圆底且没有脚的锅，所以既可以用来煮，也可以用来煎，还可以用来炒。

釜在汉代时是非常流行的，有铁制的，有铜制的，也有陶制的。后来，随着冶铁技术的发展，再加上铁耐火，而且导热性很好，所以铁釜成为主要的炊具。

上面我们说的几种炊具都是用来煮食的，下面我们来看一种用来蒸食的。

甑，是古代一种蒸食物的炊具，它的底部有许多小孔，有点像我们今天用的蒸笼。

古人发挥他们的聪明才智，不断发明和改造炊具，也正是有了这些炊具，才使得古人餐桌上的美食越来越丰富。

也正是因为有了他们的付出和努力，才使得我们现在有了更加精致的炊具，能吃上更美味的食物，所以，我们要感谢他们！

狼吞虎咽

【释义】像狼和虎那样吞咽东西。形容吃东西又急又猛的样子。

【出处】冯梦龙《警世恒言》第十卷："父子二人正在饥馁之时,拿起饭来,狼餐虎咽,尽情一饱。"西周生《醒世姻缘传》第二十二回:"那晁思才一干人狼吞虎咽的吃完了饭,说与晁夫人知道了。"

【反义】细嚼慢咽

科普知识

见到美食,我们总是管不住自己的嘴巴,要是不能品尝到它的味道,总觉得心痒痒。那你知道美食进入嘴巴后又发生了哪些变化吗?让我们一起随着食物去旅行吧!

首先,食物进入嘴巴后,我们的牙齿就会像机器一样,把食物切碎、磨碎,然后将食物送进咽喉。咽喉呢,只是一个漏斗形的管道,食物虽然要经过它,但是它也只是起到输送作用，不会对食物进行任何加工，直接把食物送到了食管。

食管的一头连着口腔，一头连着胃。在食管里，食物并不能像在咽喉里那样顺利地通过并进入下一站，而是要经过三重考验。因为食管里有三处生理狭窄，食物每到一处狭窄的位置，都要拼命地挤过去。食物挤过三处狭窄的位置后，才能进入下一个大大的空间，那就是胃。

说到胃，我们都不陌生，它看上去就像是一个大囊袋，在我们没吃东西的时候，它就像一只瘪掉的气球，可当我们吃饱了，它就又变成鼓鼓囊囊的了。在胃的蠕动下，食物被磨得越来越碎。

胃里面还藏有一种淡黄色的酸性液体，它叫胃液，胃液能够帮助胃来消化食物，就像是胃的一个小帮手。当胃把食物加工、消化完之后，就会把剩余的食物挤压进一条长长的通道，也就是十二指肠。你知道吗，这十二指肠扯直后有20~25厘米长。

还有更长的家伙呢，那就是小肠。小肠盘曲在我们的腹腔里，如果抻长了量一下，你会发现它有五六米长，是不是很惊人？

小肠不但长，在整个消化系统中也是主要的吸收器官。这是因为小肠内部有大量的绒毛，而且每条绒毛的表面是一层柱状的上皮细胞，上皮细胞的顶端又有很多细小的微绒毛，这些结构使得食物中的营养很快被吸收进入血液。现在你知道我们是如何把食物中的营养吸收到体内了吧！

那些没有营养的残渣，也就是没有被小肠吸收消化的部分，就直接被派送到了大肠。到这儿，食物的旅行基本上就结束了。

那些食物残渣最终会转变成粪便排出体外。

当我们见到食物就狼吞虎咽时，食物没能经过细细咀嚼就被送进消化道里，这样会加重消化系统的负担，不利于人体对营养物质的吸收。所以说，我们要学会细嚼慢咽，这样才能保证我们有一个健康的身体！

成语与日常生活

24 丢盔卸甲

【释义】 盔:保护头部的作战用帽,多为金属制成。甲:作战时护身的铠甲。指作战失败后狼狈逃跑。

【出处】 孔文卿《东窗事犯》第一折:"唬得禁军八百万丢盔卸甲。"

【近义】 倒戈卸甲

【反义】 克敌制胜

科普知识

在我们看战争题材的电影、电视剧时,常常能看到那些作战的士兵们头上戴着重重的帽子,身上穿着厚厚的衣服。这些都不是我们平常穿戴的帽子和衣服,而是专门用来保护他们的"盔甲"。

头上戴的叫"盔",是作战时专门用来保护头部的护具。

先秦时期它叫"胄",不过到宋朝以后就被命名为"盔"了。

再来看"甲",我们常称甲为铠甲,是用来保护身体的装具。甲又可以细分为甲身、甲裙、甲袖和配件等。

其实,盔甲早在原始社会的时候就已经存在了。那时候,部落之间常常作战,为了保护自己,人们就发明了盔甲。

不过当时还没有那么精良的护具,他们只是用一些藤条、动物的皮毛、树皮之类的东西固定在身体上,来抵挡敌方兵器的攻击。但是用这些材料制作的盔甲始终不是那么令人满意,所以,在有了更多的材料之后,人们又制作了铁制的、纸制的盔甲。

夏商以来,人们主要使用皮甲。皮甲的优势是显而易见的,既能起到保护身体的作用,同时也不至于太笨重。所以,在古代很长一段时间里,士兵使用的都是皮甲。

皮甲也有好多种,使用什么兽皮,在质量上是有差别的。最好的皮甲是犀牛皮、水牛皮和鳄鱼皮制作的,非常耐用,可以使用上百年。

随着铁制兵器的发展,从战国晚期到东汉,铁甲逐渐取代了皮甲成为主要的防护装备,并从粗重到精致,经历了一个更新变革的过程。

在唐朝的时候，又有人研制出了纸甲。别看是轻飘飘的绵纸做的，却是异常坚固，即使是猛箭也很难将其穿透。

在古代作战，战场上除了士兵，还有战马。在那个年代战马起着极其重要的作用，所以，除了要保护好士兵，还要保护好战马。当时的人们还会给战马穿"盔甲"，不过这个时候不能再称作盔甲了，而是叫"马甲"。战马除了耳朵、眼睛、鼻子、嘴巴、四肢、尾巴之外，其他部位都能得到很好的保护。

到了清朝的中后期，由于人们研发出了枪和炮，所以这些盔甲的作用就变得微乎其微了。

不过，为了保护自己，后来人们又发明出了钢盔和防弹衣之类的现代化的盔甲。

不管是过去冷兵器时代的盔甲，还是现代的防弹衣，都是人们用来保护自己的方式。人们善于观察，勤于动手，才使得盔甲在一点一点地发生着变化。

时代在进步，装备也变得越来越精良，而这些都是人们智慧的结晶。

24 丢盔卸甲

- 消除挑战
- 趣味猜谜
- 历史典故
- 成语之最

微信扫码

25 珠光宝气

【释义】珠：珍珠。宝：宝石。光、气：形容闪耀光彩。形容穿着衣饰或陈设华丽。

【出处】张春帆《九尾龟》第五回："簪饰虽是不多几件，而珠光宝气，晔晔照人。"

【近义】珠围翠绕

【反义】荆钗布裙

科普知识

要说到价值连城的饰品，必定有珠宝的一席之地。珍珠，珠宝中的珍品，不但晶莹雅致，还是大自然的慷慨赐予。每次走进珠宝店，都能看到形状各异、色彩绚烂的珍珠首饰，那么，你知道珍珠是从哪里来的吗？

首先，我们得感谢那些为孕育珍珠而默默奉献的贝类。可是你知道吗，并不是随便一个贝就能孕育珍珠。

能够孕育珍珠的贝类主要是软体动物门下的双壳纲，又因为双壳贝类有的是生活在淡水中，而有的是生活在海水中，于是便有了淡水珍珠和海水珍珠之分。

那珍珠在贝类的身体里到底是如何形成的？

首先，我们要知道，双壳贝类的外壳是由一种叫碳酸钙的物质组成的，它实际上是贝类软体部分的外套膜中细胞的分泌物。

这些分泌物有什么作用呢？

正常情况下，这些分泌物会一层一层地积累，使贝类的外壳一点一点长大。

但是也有看起来不那么"正常"的情况出现，比如，有一些不安分的小沙粒或者小生物掉进外套膜和外壳中间，这样一来，分泌物就会把这些异物给包裹住，这样用不了多长时间，就会形成亮晶晶的珍珠了。时间越久，珍珠层也就越厚。这种天然的珍珠也算得上是自然界的奇迹了。

我国对珍珠的认识和利用具有悠久的历史。相传黄帝时期已发现产珍珠的黑蚌。早在4000多年前就已将珍珠作为贡品，可见当时大家就已经把珍珠当作稀世珍宝了。

那么你有没有想过，珍珠是在什么时候产生的呢？

地球上发现的最早的珍珠出土于匈牙利距今2亿年前的三叠纪地层中。

人们对于珍珠的喜爱绝不仅限于中国，它是不受任何地域或者文化限制的，即使是不同肤色的人们，对光彩夺目的珍珠都有着同样的热爱。

人们给珍珠起了一个相当高大上的名字，叫"宝石皇后"。在现在这样一个饰品种类繁多的时代，佩戴珍珠依然是一种时尚，它在人们心中的位置从来就没有降低过。

事实上，除了饰品，人们对珍珠的研究还在不断深入。比方说，珍珠类护肤品以及药品的出现，都是基于人们对珍珠已经有了更加深入的认识。

当人们真正认识到珍珠的价值后，天然珍珠已无法满足人们的需求，因此，聪明的人们开创出了人工养殖珍珠的事业，这是自然界的奇迹，也是人类智慧的体现。

26 衣锦还乡

【释义】穿着华丽的锦衣回家。形容富贵后荣耀乡里。

【出处】《周书·史宁传》:"观卿风表,终至富贵,我当使卿衣锦还乡。"

【反义】铩羽而归

科普知识

近些年的宫廷大戏给我们留下了深刻的印象,尤其是戏服,这些宫廷服可不是随随便便做出来的,更不是谁想穿哪件就能穿哪件的,这里面的说道多着呢!

在周朝的时候,实行分封制,周王为了显示他至高无上的权力,制定了冠服制度。简单来说,就是周王对诸侯、大夫戴什么帽子、穿什么衣服、扎什么腰带都作了详细的规定,他还把官服分了等级,对各级的服饰用什么材料、颜色、尺寸都作了严格的规定。

这还不算,最重要的是衣服上的花纹。

据说，周朝的衣服上总共有九章纹（原有十二章纹，周朝将日、月、星辰三章画在旗帜上，而礼服只保留九章），只有周王可以享受在衣服上绣全套花纹的待遇。

秦始皇时期，文武百官都是以黑袍为主，除了黑袍，还有一种绿袍，但这是三品以上的官员才有资格穿的。到了汉朝，因为汉高祖刘邦是个粗线条人物，所以对这些衣服、帽子不太在意，直到后来的东汉明帝时期才定下来，这时候的官服虽然样式上依然是从前的宽袖束腰款，但是用来区分高低等级的方式却不一样了，一条标志不同身份的绶带诞生了！

绶带有点像我们熟悉的荷包，就是把一个像荷包一样的东西系在侧腰，然后把绶带垂在外面，不同颜色的绶带，就代表着官员的不同级别。

要说官服的鼎盛时期，那得数清代，随着历史文化积淀和服饰审美风格的逐步提高，官服的等级主要体现在冠上的顶子、花翎及补服上的补子。

也就是说，我们可以从顶子、补子辨别出文官、武官以及他们的级别。

在《清会典》中有对各级官员的官服的详细描述，清朝官员的帽子顶端有顶珠，顶珠的材质和色料代表了官员的品级：一品官员用红宝石顶；二品官员用珊瑚顶；三品官员用蓝宝石顶；四品官员用青金石顶；五品官员用水晶顶……

清朝文武百官的外衣有朝服、补服、蟒袍几种。官员的品级差别主要看上面的纹饰。

清朝官服的前后各有一块补子，皇室均采用圆形补子，其他各级官员则用方形。

官位品级不一样，需要用不同的"补子"。补子上面绣着不同的图案，武官为兽，有麒麟、狮、豹、虎等；文官为禽，有仙鹤、锦鸡、孔雀、云雁等。

由于篇幅有限，我们只能对官服做一个粗略的介绍，如果你喜欢，觉得意犹未尽，那么可以查找更多的资料来研究哦！

27 荆钗布裙

【释义】 荆枝作钗,粗布为裙。形容女子衣着朴素。

【出处】《列女传》:"梁鸿妻孟光,荆钗布裙。"

【反义】 花枝招展 珠光宝气

科普知识

一年四季中,很多人喜欢夏天,尤其是女孩子们,不仅是因为夏季有繁花盛开,更是因为夏天可以穿漂亮的裙子。

其实,穿裙子已经有很悠久的历史了,而且在很久以前,裙子还是男女通用的呢!《晋书》中就有"男子通服长裙"的记载。那么,裙子最初是怎么来的?

这得从远古时期说起。

在很久以前,我们的祖先是没有衣服穿的,为了蔽体以及保暖,聪明的祖先便找来树叶和兽皮,做成一个像围裙一样的东西围在身上,这大概就是最早的裙子吧!

刘熙在《释名·释衣服》中说:"裙,群也。"意思是说,裙子的制作其实是把许多小片树叶和兽皮连接在一起。

秦汉以后，裙子的样式越来越多，但当时还没有我们现在比较流行的百褶裙。那么你知道百褶裙是怎么来的吗？这得从一个故事讲起。

《西京杂记》中说，在汉成帝时，有一位擅长舞蹈的女子叫赵飞燕，汉成帝非常喜欢她，于是把她封为皇后。赵飞燕爱美，每天都穿着不同的裙子。

有一天，她正穿着一件云英紫裙在乐曲声中翩翩起舞。突然大风四起，赵飞燕差点儿被风给吹走了，周围的宫女见状急忙拉住了她的裙子。结果赵飞燕的裙子被拉出了许多褶子来。说来也奇怪，人们发现这带褶子的裙子比先前没有褶皱时更好看了。从此以后，打褶的裙子在宫里便流行开来。但这时候的裙子并不叫百褶裙，而是叫"留仙裙"。

到了晋代，裙子的花色越来越多，尤其是在宫廷中，像绛纱复裙、丹碧纱纹双裙、紫碧纱纹绣缨双裙很常见。

渐渐地，裙子从宫廷走进了民间，裙装更是随处可见。

唐代的时候，女子们对裙子有了自己的偏好，比较流行红色的裙子。

元代时，受少数民族服饰的影响，裙子以白、青、红等最接近自然的原始色彩为主。到了明代，颜色就变得多起来了，但最为流行的便是青面百褶裙，裙有长有短，长的曳地，短的及膝。

到了清代，旗袍变得更加流行，像遇到婚嫁这样喜庆的大日子，女孩子们会穿上一条长裙，这样才不会失了礼数。而且，这个时候的裙装品种繁多，像凤尾裙、百褶裙、鱼鳞裙、月华裙、叮当裙等都比较常见。

发展到今天，裙子的样式、颜色更是多得让人眼花缭乱，女孩子也可以按照自己的喜好进行选择。这就是时代的发展带给我们的便利吧！

28 衣冠楚楚

【释义】 衣冠：衣服、帽子。楚楚：鲜明、整洁的样子。形容衣帽穿戴整齐、漂亮。

【出处】《诗经·曹风·蜉蝣》："蜉蝣之羽，衣裳楚楚。"蒲松龄《聊斋志异·王六郎》："至夜梦少年来，衣冠楚楚，大异平时。"

【反义】 不修边幅

科普知识

每每遇到像婚礼、会议等一些比较正式的场合，很多男士都会选上一套比较笔挺的西装，搭配上锃亮的皮鞋，整个人看上去很精神。

"人靠衣装马靠鞍。"西装能把人装饰得帅气十足，那么你有没有想过，是谁设计出这种类型的衣服呢？

其实，关于西装的来历人们说法不一，总结下来大致有两种。

一种是说，西装起源于欧洲，是当时西欧的渔民出海打鱼时穿的。之所以设计这样的衣服，是因为渔民们常年与海洋为伴，而西装是散领，且扣子比较少，衣服和裤子是上下分开的，这样在打鱼的过程中行动更方便。

还有一种说法是，西装源自英国的王室，由上衣、背心、裤子搭配在一起。造型上延续了从前男士们穿的礼服的样式，只是后来改成了西装这样日常的正统装束。确实有很多西装都是三件套搭配在一起穿的，这种说法也很合情合理。

不管西装是怎么来的，我们都必须承认，发展到今天，西装确实给人们带来了方便和美。

现在就让我们看看西装从诞生到今天经历了哪些阶段。

西装的第一个阶段叫古典西装。这时候的西装前门襟的扣子一般是不扣的，要扣的话一般是只扣腰围线上下的几粒。这就是现代单排扣西装不扣扣子而双排扣西装只扣一粒扣子的由来，大概是从那个时候开始，就已经有这种习惯了。

西装的第二个阶段叫礼服西装。每次提到礼服，我们首先想到的都是女装，比方说漂亮的长裙之类的，但是欧洲男士贵族们流行穿半截的紧身裤。后来，又流行穿长裤。到了

19世纪的后半叶，裤腿基本上变得宽松了，样式也越来越接近现代的西裤了。

西装的第三个阶段叫袋型常服。关于这个阶段的记录很少，大概是因为衣服的变化比较小吧！

西装的第四个阶段叫休闲西装。制作上一般采用又宽又厚的垫肩来撑起西装的肩部，使穿着者的肩部平整、挺括和美观。为了与上衣相搭配，裤子也是宽松肥大款，穿起来就有十足的休闲范儿！

渐渐地，随着真正的休闲装的出现，西装的定位也就又一次发生了变化，开始走商务范儿路线了。

这样算下来，西装从诞生到今天也有很久的历史了，能延续并发展到今天依然深受人们的喜爱，总结下来大概是因为西装整体简洁大方、端正、合体。

现在，不管男女老幼，在一些正式的场合都会穿上西装，而且西装的样式也是多种多样，可见西装的年龄跨度有多大！

想不到吧，一件能给你带来美感的衣服背后还隐藏着如此深厚的文化！下次，再穿上西装时，相信你会更加喜欢它的。

● 成语与日常生活

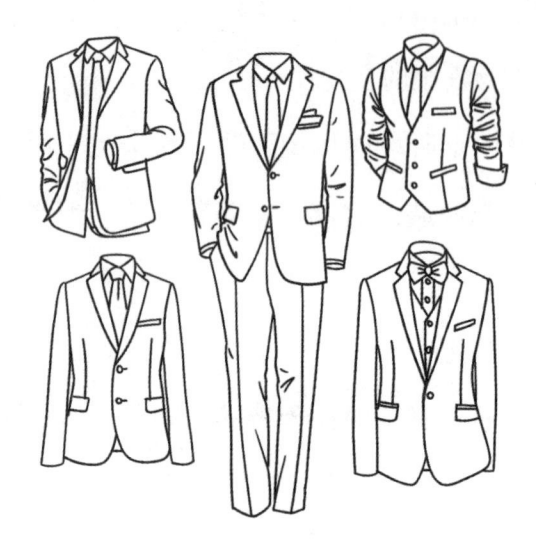

消除挑战
趣味猜谜
历史典故
成语之最

微信扫码

29 集腋成裘

【释义】 腋：指狐腋下的一小块皮毛。裘：皮袍。狐狸腋下的皮虽然很小，但聚集起来就能缝成皮衣。比喻积少成多，积小成大。

【出处】《慎子·知忠》："粹白之裘，盖非一狐之皮也。"《官场现形记》第十一回："也有二百的，也有一百的，也有五十的，居然集腋成裘，立刻到捐局里填了部照出来。"

【近义】 聚沙成塔

科普知识

每天出门前，我们总会选上一件自己满意的衣服。不过，有时候我们还会为穿什么而发愁，并不是没有衣服穿，而是不知道选择哪一件才好，这大概就是衣服的种类太多而带来的幸福的烦恼吧！

人类最初为什么会发明衣服？当然是为了御寒啊！这个我们都知道。在衣服还没有诞生的时候，我们的先民靠打猎为生，他们发现把猎物的皮毛搭在身上很暖和，于是就渐渐萌生了制作衣服的想法。

最初的衣服也只是把动物的皮毛简单地缝制在一起制作而成的。就像《礼记·礼运》中说的："昔者先王……未有火化，食草木之实、鸟兽之肉，饮其血，茹其毛；未有麻丝，衣其羽皮。"

随着时代的发展，人类对动物的皮毛进行了更加有效的加工利用。舍弃了那些粗糙的皮毛，筛选出优质的皮毛来做成更加美观的衣服。

渐渐地，人们发现不同动物的皮毛在制作衣服时所显现出来的优势是不一样的。比方说，羔羊皮和狐狸皮又轻又保暖，做成衣服实在是再适合不过。

人们还给这类衣服起了一个名字，叫裘。

至于穿法，就是带毛的一面穿在外面，被称为"表"；而皮面是挨着身体的，叫作"里"。

虽然有了裘，但是在制作方法上比较粗糙，你想啊，几乎整张皮披在身上，整个人看起来都怪怪的。

到了周代，人们开始对衣服的缝制技术提出了更高的要求，他们不会再用整张的兽皮来制作衣服了，而是有了裁剪技术。也就是把每张兽皮上质量比较上乘的部位裁剪下来，再用线把一块一块的皮料缝制在一起，做成一件既美观又合体的衣服。

据《诗经》记载，在当时，老百姓是没有资格穿这种裘皮衣服的，只有那些贵族才可以穿。就算是有人猎到了质量上乘的猎物，也只能把猎物的皮毛送给贵族们。

"狐裘蒙戎，匪车不东"里的"狐裘"就是代指贵族人物。

《诗经》中说，当时人们经常穿的皮裘有三种，分别是羔裘、狐裘和熊裘。

羔裘，自然就是指羊皮。羊被人类驯化后，成了人们生活中的重要组成部分。人们吃肉、穿衣、祭祀都离不开羊。所以，羔裘自然是贵族们普遍穿用的衣服。

狐裘，是指狐狸的皮毛。在周代，还没有人工养殖的狐狸，所以想要一件狐裘，就只能靠上山打猎来获取了。根据季节的不同，狐狸皮毛的质量也会发生变化。寒冬季节，狐狸等一些动物为了御寒，都会长出更多的绒毛来，这个时候如果能猎到一只狐狸的话，那么所得到的狐裘质量是最好的。大概就是因为物以稀为贵吧，狐裘比羔裘更加珍贵，也更能彰显身份和地位。

至于熊裘，自然就是指熊的皮啦！传说熊曾经是一些周人的图腾，能够穿上熊裘自然不是件容易的事，穿熊裘代表此人孔武有力。

时至今日，人们的观念发生了翻天覆地的变化。由于地球上野生动物的数量急剧减少，很多动物保护组织都在倡导拒绝穿戴动物皮毛。"没有买卖就没有杀害"，爱护动物，从我做起！

30 南辕北辙

【释义】 辕：车前驾牲畜的两根横木，引申指车。辙：车轮滚过的痕迹，引申指道路。本想往南，而车却向北行。比喻行动跟目的相反。

【出处】《战国策·魏策四》："犹至楚而北行也。"

【近义】 适得其反　背道而驰

【反义】 殊途同归　如出一辙

科普知识

古人很早就有了地理方位的概念。在殷商时代，人们就已经认识了东西南北中五个方位。当时，殷商人把自己居住的地方称为"中"，而其他四个方向分别为东西南北。

渐渐地，人们发现世上的万物都是有联系的，比方说四季、五行、方位等。

在诗词中，五行、方位、四季和色彩之间都是可以相互转化的。

五行是指金、木、水、火、土；方位是指东、南、西、北、中；四季是指春、夏、秋、冬；色彩是指青、红、黄、白、黑。先来看看它们之间的转化吧！

李商隐在《无题》中写道："相见时难别亦难，东风无力百花残。"这里的"东风"其实就是指春风，这是用方位来代指季节了！

春天到了，万物复苏，青翠葱茏，所以古人还常常用"青春"来代指春天，李贺在《将进酒》中写道："况是青春日将暮，桃花乱落如红雨。"这是色彩与季节之间的转化了。

有人称夏季为"朱夏"，这也是在用色彩来代指季节。

古代皇帝修建了天坛、地坛，用来祭祀天、地、五谷神。古人在建造这些建筑的时候是很注重五行、色彩和地理方位之间的关系的。

地坛的位置，东方青土、南方红土、西方白土、北方黑土、中间黄土，这里的黄色代表的方位是"中"，表明历代皇帝坐镇国中。

其实这种代指关系在我国的神话故事中也有体现。比方说东方之神称为青帝，南方之神称为炎帝，西方之神称为白帝，北方之神称为玄帝，中间之神称为黄帝。这样就不难看出方位和色彩之间的代指关系了。

每次在写作文描写秋天的时候，我们一般都会用到"金秋"一词，这里的"金"其实是指五行里的"金"，并不是说秋天变成了金灿灿的。这正如"金秋十月"实际是"金"和"秋"之间的一种连用。也正因此，秋风常常被人称为"金风"。

那么，秋天就没有和色彩相联系的词吗？当然有！

秋天，还被人们称为"素秋"，这里的"素"多指白色，所以，"素秋"实际上体现了色彩和季节之间的联系。

"玄"在色彩里常指"黑色"，但这里的"玄冬"不是说"黑色的冬天"。古代以四方为四季之位，北方属冬位，颜色与方位对应，黑色代表着北方，故冬天被称为"玄冬"。

岑参在《白雪歌送武判官归京》中说"北风卷地白草折，胡天八月即飞雪"，这里"北风"的意思不是说风从北方刮过来，而是指冬天的风。

没想到吧，世间万物竟有这样的联系，实在让人难以捉摸。不过别着急，知识是要一点一点积累的，以后再遇到相关的信息，你就能很容易地看懂啦！

成语与日常生活

北
西 东
南

消除挑战
趣味猜谜
历史典故
成语之最

微信扫码

110

31 步履维艰

【释义】 步履：步行，行走。维：助词。形容行走困难。

【出处】《金史·章宗三》："年高艰于步履者，并听策杖，仍令舍人护卫扶之。"邵景瞻《觅灯因话·桂迁梦感录》："会见刘，颈荷铁徽，手交木叶，颜色枯槁，步履艰难。"

【近义】 寸步难行

【反义】 健步如飞

科普知识

出门前，你首先要做什么呢？穿鞋呗！

人为什么要穿鞋子呢？很简单，既能保护脚不被石子、树枝给扎到，又能保暖。

说到鞋子的历史，那是相当久远了，从目前考古学家们的发现来看，至少可以追溯到5000多年前。

回顾鞋子的发展历史，可以发现，其实鞋子经历了很多次演变。

在远古时期，人们穿着的鞋子其实是很简单甚至是很简陋的，只是用皮革之类的裹住了双脚，这样的鞋子穿在脚上自然是不舒服的。

到了先秦时期，鞋子发生了变化，人们懂得用缝制的方式来制作鞋子了。不过这个时候的鞋子还不叫"鞋子"，而是叫"鞮"。鞮看起来和今天的浅口皮鞋有些相似，但是因为这时候制作鞋子所用的皮革依然没有经过太多的处理，所以穿在脚上感觉是比较硬的。

随着时代的发展，用来制作鞋子的材料变得越来越丰富了，一些布料、丝绸慢慢都用来制作鞋子了。

虽然古代鞋子的种类也比较多，但是在用料上大致可以分为三种，分别是布帛、草葛和皮甲。

布帛我们都不陌生，指的是丝、麻、绸、缎织物；草葛指蒲草、稻草、葛藤等材料；皮甲自然就是指动物的皮毛了。

除了面料不同，各个时期鞋子的样式也有很大区别。

汉代流行鞋头分叉的"歧头履"，南朝时流行厚底的"重台履"……不同时期流行不同的款式，直至今天，也依然如此。

汉代还流行的一种鞋子我们不能不提，那就是木屐。木屐，顾名思义就是鞋底的材料是木料。汉代末年的时候，女子出嫁时都会穿上一双木屐，可见当时这样的鞋子在人们心目中有多重要。

还有一种木屐叫谢公屐。据说这种木屐的特点是，鞋底上的两块用木头做成的齿是可以任意拆卸的。有了这样的鞋子，走起路来可就方便多了。在走平路的时候，可以放齿，也可以不放齿；在登山的时候，可以只放后齿，帮助上山；在下山的时候，可以只放前齿，防止滑倒。这么聪明的设计是谁想出来的呢？这就是南朝诗人谢灵运发明的。现在你知道它为什么叫"谢公屐"了吧？

还有一种鞋子我们不能不说，那就是靴子。靴子在隋唐时期全面盛行，大家都喜欢穿靴子，感觉穿起来酷酷的。

但是到了明代，靴子有了等级，平民就开始被限制穿靴子了。

清代的时候，大臣们上朝大多是穿着靴子的。至于从什么时候开始我们每个人都可以穿帅气的靴子了，这也没有一个准确的时间，但是不重要，重要的是靴子这一特殊类别的鞋子终究是流行下来了。

事实上，衣服、鞋子从古至今的发展已经形成了一种文化，而这种文化需要我们去继承和发扬。如果你喜欢，不如也试着设计一款好看又好穿的鞋子吧！

● 成语与日常生活

消除挑战
趣味猜谜
历史典故
成语之最

微信扫码

32 穷途末路

【释义】穷途、末路：绝境、绝路。指无路可走的境地。

【出处】《儿女英雄传》第五回："你如今是穷途末路，举目无依。便是你请的那褚家夫妇，我也晓得些消息。"

【近义】山穷水尽

【反义】鹏程万里

科普知识

对于"路"，鲁迅在《故乡》中说："我想：希望是本无所谓有，无所谓无的。这正如地上的路，其实地上本没有路；走的人多了，也便成了路。"

我们也从很多其他文学作品中知道，"蹊""径""道"都表示路。细心的人还对这些字进行了更加细致的解释和区分。

"蹊"的释义主要有两种，一种解释是小路，如《庄子·马蹄》中的"山无蹊隧，泽无舟梁"；第二种解释是走过，践踏，如《左传·宣公十一年》中的"牵牛以蹊人之田，而夺之牛"。

"径"的主要释义是小路。

由此可见，"蹊"和"径"都有小路的意思。那么，是不是这两个字就可以随便用了呢？

不是的！虽然都有小路的意思，但是仔细研究的话，会发现"蹊"和"径"在小路这个意义上还是有一些细微差别的。

总结下来，可以表述为"蹊"和"径"的词义范围大小不同。其中"径"是可供人及车马行走的"步道"，而"蹊"主要是指山上的小道，"径"比"蹊"所指的路面要宽。

从使用的情况上看，"径"多指笔直的小路，但是"蹊"更多的是指弯弯曲曲的小道。

除了"蹊"和"径"，我们用得最多的一个词是"道路"。平常，"道"和"路"是放在一起使用的，但实际上两者之间也有一定的区别。

"道"是在田间的，而"路"是在宽敞的平原等地的。可见"路"比"道"更宽敞、更平坦。

"路"还有另外一层意思。在宋元时期，"路"其实还是地方区划名。在宋代的时候，"路"其实就相当于明清时期的省；而在元代的时候，"路"相当于明清时期的府。

《说文解字》中说："路，道也。"《尔雅》中也说："路，途也。"那么，最初人们为什么用"路"字来代表这些意义呢？

我们一起来看一下"路"字。"路"字从足从各，"足"指行走；"各"意为"十字交叉"。"足"与"各"联合起来表示"走到十字路口""在网格状道路系统中走到了交叉点上"，本义为十字道口、在十字道口行走。

道路其实是朝向四面八方的，不过总的来看，南北向的大多被命名为"路"。

我们上面讲到的是道路的本意，但很多时候，人们都借用道路指完成一件事的过程，并且常常被用在文学作品中。

比方说，屈原在《离骚》中写道："路漫漫其修远兮，吾将上下而求索。"意思是说，在追求真理这方面，前方的道路还很漫长，但是我将百折不挠，不遗余力地去追求和探索。

可见这里其实就是在借用"道路"指追求真理的漫长过程。

有时候，路还指路程、行程。陶潜在《桃花源记》中说："缘溪行，忘路之远近。"意思是说，他顺着小溪划船，忘记了路程的远近。

像这样的指代义还有很多，需要我们一点一点去探索、学习和积累。

33 健步如飞

【释义】 健步：走路快而有力。步伐矫健有力，走路快得像飞一样。

【出处】 蒲松龄《聊斋志异·凤阳士人》："丽人牵坐路侧，自乃捉足，脱履相假。女喜着之，幸不凿枘。复起从行，健步如飞。"

【近义】 大步流星

【反义】 步履维艰

科普知识

从古至今，跑步一直是人们非常喜欢的体育运动。

古人学会快速奔跑，其实是受当时生活环境的影响，比如和其他人抢夺食物，逃脱野兽的追击，或者打仗时攻击对方，等等。

总之，最初人们学会奔跑可不是为了体育赛事。但是，古代人和我们一样重视奔跑这项运动。当然，也因此留下了一些精彩的故事和传说，比如"夸父追日""马驰不及"等。

在汉代的绘画作品中有一幅《车马出行图》，画中两个武士和驾车的骏马一起飞奔，时间一长，两个人练就了一身长跑的本领，就好比经历了一场专业的军事训练，这使得他们在古代军事作战方面有了过人的能力，往往在战争中更容易取得胜利。

在冷兵器时代，不管是长跑还是短跑，只要跑得快，就占尽了优势。比如在报名参军时，跑步能力是军队优先考虑的重要标准，如果跑得不够快，或者说不达标的话，那么就算你体质强壮，那也算不上是优秀之选。

由于受到人们的普遍重视，跑步后来还发展成了一种竞技体育比赛。

西周"令鼎"铭文上记载，西周时期就已经有跑步能手和皇帝马车赛跑的故事了。

传说周成王在一次率领众臣到野外春种后回宫时，对身边两个侍从说："如果你们能随着我这飞奔的马车一起跑回到宫中，那么你们就将得到特别的赏赐。"

周成王话音刚落，驭手就驱马飞奔起来。两个侍从也拼了命地跟着马车跑。

令人惊叹的是，两个侍从始终紧紧跟着马车，并没有被奔跑极快的马给甩在后面。回到宫中后，周成王立即兑现了诺言，给予了赏赐。

这大概就是最早的长跑比赛了吧！

但要说真正的长跑比赛，那就不能不提马拉松。

关于马拉松，我们并不陌生，但是你知道马拉松是怎么诞生的吗？这得从一个故事说起。

据说在公元前490年的希腊波斯战争中，波斯军队在雅典城东北的马拉松海湾登陆。希腊军队英勇迎战，成功打败了波斯军队，这场战役被大家称为"马拉松之战"。

为了尽快把胜利的消息传到雅典，士兵菲迪皮茨从马拉松不停顿地跑到雅典（全程约40千米）。

当他把胜利的消息传达给雅典人后，因为体力不支倒地而亡。

菲迪皮茨光荣地完成了他的使命，在希腊人眼里，他就是民族英雄。

当然，也正是为了纪念这场战争，纪念菲迪皮茨，"马拉松"这项体育竞赛诞生了。

人类热爱奔跑，不仅是因为它是一项运动竞技，更是因为快速奔跑可以帮助人们做很多事。

在古代，跑得快的人可以迅速地打探和传递信息，这是非常不容易的，可以说，他们是名副其实的新闻使者。

现在，我们有了先进的技术，早已经不用这样的方式来传递信息。不过，跑步却是我们离不开的运动项目，毕竟，它能为我们的身体健康做出贡献！

一马平川

【释义】 平川：平原。可以使马疾驰的平原。形容地势平坦。

【出处】 冯德英《苦菜花》第十章："敌人围得甚紧，村外又是一马平川，敌人展开重火力，我们几次冲锋都被敌人压回来了。"

【反义】 崇山峻岭

科普知识

如果有机会，请你仔细观察一下地球仪，你会发现，其实地球表面的形态是多种多样的，有起伏不平的山地和高原，有平整宽阔的平原，还有大小不等的盆地。

你有没有想过，同在一个地球上，为什么会产生这么多种地形呢？

要说形成的原因，其实也各不相同，不过我们可以把它总结成地球内力地质作用和外力地质作用共同作用的结果。

内力地质作用，主要造成了地球表面的起伏，控制了海陆分布的轮廓，山地、高原和盆地的地域。外力地质作用，是指由地球外部能量所引起的地质作用，其实就是风、流水等对地球表层进行风化、腐蚀之后，使地球表面形成各种各样的地形。

地形可以分为山地、高原、盆地、丘陵、平原。

我们国家山地很多，不过按照山地走向的不同，可以分成不同的类型。

比如，东、西走向的山脉主要有三列：最北的一列是天山—阴山，中间的一列是昆仑山—秦岭，最南的一列是南岭。西北、东南走向的山脉主要分布在中国的西部，如阿尔泰山、祁连山等。这里我们不能不说的就是世界第一高峰——珠穆朗玛峰，高达8848.86米。

高原就是海拔在500米以上的大片高地。我们国家面积最大的高原要数青藏高原了，总面积大约在250万平方千米，计算一下便可知道，约占全国陆地总面积的1/4。

盆地是低于周围山地，相对凹下的地表形态，比较著名的盆地有塔里木盆地、准噶尔盆地和柴达木盆地。

其中塔里木盆地处在天山、昆仑山和帕米尔高原之间，可以说是高山环抱的一个巨大的内陆盆地，盆地东西长有

1500千米，南北宽约600千米，面积约53万平方千米，是中国最大的内陆盆地。

那些在地球表面相对起伏，但是又达不到高原高度的一般被称为丘陵。和高原相比，丘陵的坡度比较和缓。其中最著名的是广西丘陵，因为雨量充沛，热量丰富，广西丘陵成为林业、农业和矿产资源极其丰富的地区。

除了上面我们提到的几种地形，剩下的大面积的平坦广阔的陆地就是平原了，一般海拔在0~200米的称为低平原，而海拔在200~500米的平原称为高平原。

了解了这些，当你再观察地球仪时，相信你一定能够分得清哪里是高原，哪里是丘陵，哪里是盆地，哪里是平原了。

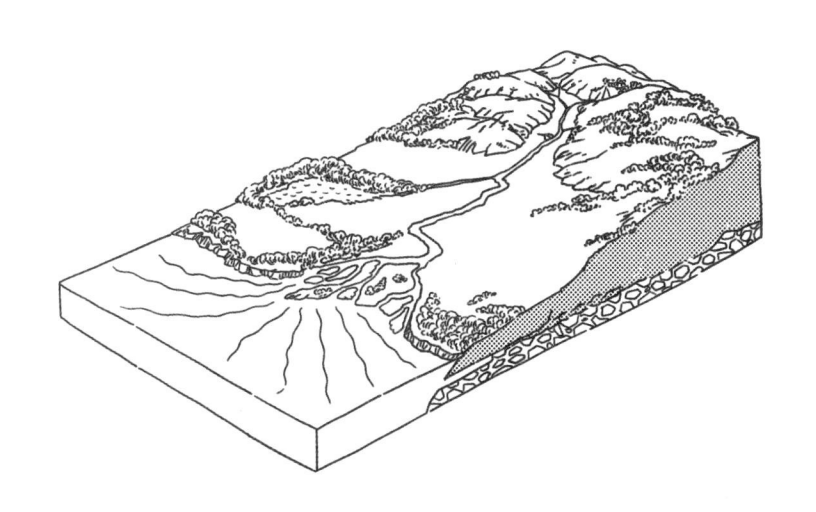

35 老马识途

【释义】 途：路。老马认识走过的路。比喻阅历多、经验丰富的人能看清方向，办事熟悉。

【出处】《韩非子·说林上》："管仲、隰朋从于桓公伐孤竹，春往冬返，迷惑失道。管仲曰：'老马之智可用也。'乃放老马而随之，遂得道。"

【反义】 少不更事

科普知识

在上学的路上，我们总能看到各种各样的交通标志。最初是谁想到用交通标志来指引人们出行的呢？

这得先穿越到周代。在周代就已经有"列树以表道"的做法。在古罗马时代，从罗马到加普亚的军用大道上设置了里程碑和简单的指路牌，这是现代交通标志的最早起源吗？

大多数人认为，现代交通标志的起源可以追溯到1879年12月的英国。当时，参加自行车联盟的塞克林格俱乐部在通往山区的道路上设置了一个比较明显的具有预告作用的交通标志:"到塞克利斯特——这个山丘危险。"这是一个用油漆在铁板上写下的预告,当然这也成为有文字记载的最早的交通标志。

交通标志主要包括警告标志、禁令标志、指示标志、指路标志、旅游区标志等。

警告标志主要是用图形符号和文字来传递信息,警告标志的颜色为黄底、黑边、黑图案,形状为等边三角形。比如,三角形内写着一个"慢"字,意思是警告司机要慢行。

禁令标志是禁止或者限制车辆的标志,大部分为白底、红圈、红杠、黑图案。常见的是红圈里有一辆黑色小汽车,小汽车上有一条红色斜杠,这就是禁止机动车通行的意思。

指示标志,就是指示车辆或者行人按照规定的方向行走。一般为蓝底、白图案,形状有圆形、长方形和正方形。常见的就是在人行横道附近会有一个指示标志,上面画着一个人在人行横道上行走,这就是在提醒司机注意观察,这里有人行横道,可能会有人通过。

指路标志是用来告诉司机或者行人道路方向、距离等信息的标志,最常见的是在高速公路上,每走一段路都会有关于道路距离的提示,这为人们的出行提供了很大便利。

成语与日常生活

　　每到一个地方旅游，都会遇到各种各样的关于旅游区信息的提示，如旅游区的名称、前往旅游区的方向和距离、旅游项目的类别等。

　　虽然关于交通的标志很多，可依然有很多人不会走路。不对吧，走路谁不会呢？其实不然，如果不注意交通规则，走路也是会闯祸的。尤其是在繁忙的十字路口，我们要牢记红灯停、绿灯行。在没有划分人行道的道路上，我们要靠道路右边行走，遵守交通规则，时时保护自己。

36

安 步 当 车

【释义】用慢步行走当作坐车。

【出处】《战国策·齐策四》:"晚食以当肉,安步以当车。"

科普知识

如今,各种各样的车辆给我们的生活带来了很多方便。那么,你有没有想过,最早的车是什么时候诞生的?当初人们怎么就想到造车了呢?

其实早在黄帝时期就已经发明了车。虽然是谁发明的车已经无法考证了,但可以肯定的是,黄帝时期确实已经有人可以坐车了。但是,当时造车并不是简单地为了便于人们出行,主要是把车当作一种军事装备,为了满足战争的需要。

据说,当时为了使车的作用达到最大化,聪明的黄帝还把一种类似于指南针的东西安装在车上,这样一来,"指南车"就诞生了。而且,就是因为指南车有指示方向的特殊功能，黄帝在和蚩尤的战争中占了优势，取得了胜利。

在人类开始懂得驯兽的时候，就渐渐产生了让马拉车的想法。在夏禹时期，有位叫奚仲的人，他擅于驯马拉车。只是这个时期的马车构造还十分简单，到了殷代才渐渐有了改进。

在河南安阳，曾经挖掘出殷代的马车，其中有一车四马二人的，也有一车二马三人的。不难看出，这个时期的马车配置已经很高大上了，但遗憾的是，在人们眼里，马车和其他珍贵物品一样，主要是被用作殉葬品。

到了战国时代，车的构造又一次发生了变化，由原来的单辕变成了双辕。这样一来，车子的构造就变得更加坚固了，而且载重量也更大了。

到了20世纪，马车便渐渐退出了历史舞台。

最先出现的机动车辆是机车和铁路车辆。那些在轨道上行驶的列车一次可以运送很多货物，不但速度很快，而且跑得远。

有了货运列车，渐渐又有了小型汽车。虽然汽车可以靠发动机奔驰，可是在车子的外形上，依然和马车很像，方方正正的，和今天的汽车很不一样。

后来，人们就把注意力放在了车子的外形上，各种品牌的车辆追求着不同的审美取向。要说最具个性的，当属赛车，整个车身向前下方倾斜，前低后高，头尖如楔。这种符合空气动力学的楔形车有效解决了汽车高速行驶的升力问题，行驶起来就像在"飙车"，不过又很安全。

未来，汽车将如何发展，我们暂时还不得而知。不过可以肯定的是，只要你喜欢汽车，愿意设计汽车，那么只要好好学习知识，定有大展身手的机会！

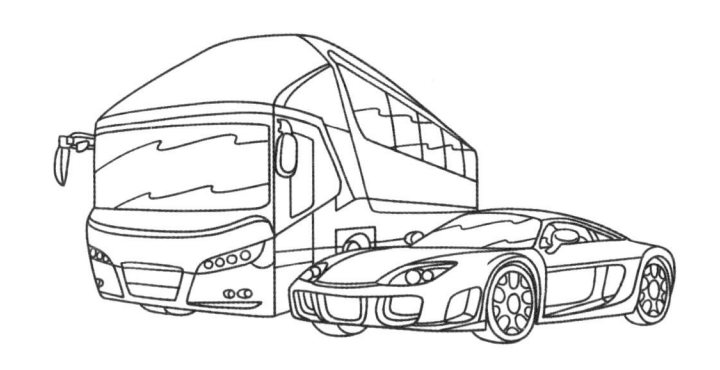

37 风雨同舟

【释义】 舟：船。在风雨中同乘一船。比喻共同经历患难，共渡难关。

【出处】《孙子·九地》："夫吴人与越人相恶也，当其同舟而济，遇风，其相救也如左右手。"

【近义】 同舟共济

【反义】 同室操戈

科普知识

在距离我们很遥远的古代，人们发现过河是一件很困难的事，尤其是遇到河水较深较宽的时候。

经过观察，人们发现那些树叶、树干都会漂浮在水面上，那能不能借助木头在水面上"行走"呢？

试一试便知道了！于是，人们用石斧将圆圆的木头削平，然后把木头凿空，这样一来，圆木就可以漂浮在水面上了，人坐在里面也很安全，于是，"独木舟"就这样诞生了。事实上，这就是最简单的船。

到了商代的时候，人们便制造出了有船舱的木板船。到了春秋战国时期，较大一点的诸侯国都有自己的造船业，这个时候，舟船已经被广泛地应用于日常出行和水战当中了。

孙子说过："夫吴人与越人相恶也，当其同舟而济，遇风，其相救也如左右手。"意思是说，即使互相仇视的人，当同船遇险时，也应像一个人的左右手一样协调一致，共渡难关。这就是成语"同舟共济"的由来。可以看出舟船当时在人们生活中的重要性。

汉代的时候，造船的技术更加先进，船上有了桨，还有锚、舵。唐代的时候，李皋发明出了一种利用车轮代替桨来划行的船，这就是人们常说的车船啦！

到了宋代，船的特点变得更加突出，因为人们在行船的过程中常会遇到触礁的风险，所以有人在船上开始使用罗盘针，这样一来，行船变得更加安全了。

为了有效利用自然风，人们还发明出了帆船。经过一代又一代人的努力，在15世纪的时候，中国的帆船已经成为世界上个头最大、结构最牢固、适航性最强的船舶。中国古代的航海造船技术在国际上都处于领先地位。

18世纪，欧洲出现了蒸汽机船。随后，蒸汽机船逐渐被运用到军事、民用、商用等各个领域。随着科学技术的一步步发展，造船业渐渐走向了现代化。

这里不能不提的便是航空母舰，这是一种以舰载机为主要作战武器的大型水面舰艇。

相信在未来，会有各种各样的新型船出现，而且应用上也将更加广泛。这将为人类的生活带来不可想象的积极的影响，这大概就是科技改变生活吧！

富丽堂皇

【释义】 富丽：华丽。堂皇：盛大，雄伟。多形容建筑物宏伟华丽或场面盛大、豪华。也形容文章辞藻华丽。

【出处】《儿女英雄传》第三十四回："连忙灯下一看，只见当朝圣人出的是三个富丽堂皇的题目。"

【近义】 金碧辉煌

科普知识

《后汉书·羊续传》中记载着这样一个故事。传说，羊续一直是很清廉的，在他刚刚到南阳郡任太守的时候，一位府丞就送给他一条鲤鱼，羊续把鱼挂在了屋外的柱子上，时间一久，那鱼被晒成了鱼干。

后来，这位府丞又送来一条更大的鲤鱼给羊续。羊续笑着把他带到了柱子前说："你看，上次送来的鱼还挂在这儿呢，已经晒成鱼干了，你连同手里的鱼一起拿回去吧！"府丞拎着两条鱼，感到羞愧不已，灰溜溜地走了。

这个故事被传开后，大家都对羊续赞叹不已，都用"羊续悬鱼"来称赞他的清廉。从此以后，"悬鱼"就被用来形容一个人的清廉，而羊续也被后人称为"悬鱼太守"。

事实上，关于"悬鱼"，还有更多含义，尤其是在中国古建筑上，会有很多像悬鱼、惹草、山花这样的装饰构件。那么，这些构件又被安置在哪里呢？

仔细观察古建筑，你会发现在建筑的山墙上部和屋檐下还有一块用来遮挡风雪的搏风板，在板子的正中间有一个用来装饰的悬垂物被称为"悬鱼"，而在两侧排列的三角云纹装饰被称为"惹草"。简单来说，悬鱼是垂于正脊，而惹草是在悬鱼的两侧。

《营造法式》中对悬鱼和惹草的尺寸有这样的规定："造垂鱼、惹草之制：或用华瓣，或用云头造，垂鱼长三尺至一丈；惹草长三尺至七尺，其广厚皆取每尺之长积而为法。垂鱼版：每长一尺，则广六寸，厚二分五厘。惹草版：每长一尺，则广七寸，厚同垂鱼。"

悬鱼和惹草的大小知道了，可是数量又怎么确定呢？

每面山墙上的悬鱼和惹草的数量，一般是一、三、五、七不等。一般来说，房屋有几条檩就有几个悬鱼惹草。

这些挂件并不仅仅是为了美化建筑，更重要的是连接缝隙，保护橡端不被雨水侵蚀。

悬鱼可能最早出现在唐代，是用木质材料雕刻成的鱼形的挂件。悬鱼最初的样式比较简单，但经过一千多年的演变，最终发展成了各种各样的形状，而且离最初的鱼形也越来越远，比如动物纹、植物纹、文字纹等，寄托了人们平安吉祥的美好愿望。

人们很看重悬鱼，所以在宋代以前，悬鱼只被允许在高级官僚府邸及寺庙建筑中使用，普通百姓是不允许使用的。直到元代以后，那些隐居在山林中的逸士民宅才开始使用。

不管是悬鱼，还是惹草，都是中国传统建筑的典型装饰符号，从以前的功能性构件到后来的装饰性物件，它们经历了一次又一次的发展和变化，但在人们心目中，"年年有余"的愿望和期盼却始终不变。

39 风餐露宿

【释义】风餐：在风里吃饭。露宿：在露天下睡觉。形容旅途或野外生活的艰苦。

【出处】范成大《元日》诗："饥饭困眠全体懒，风餐露宿半生痴。"

【近义】栉风沐雨

科普知识

在原始社会，人们为了躲避风雨，不得不躲到山洞里或者树上，这就是我们说的"穴居"和"巢居"。这样的居住方式终究算不上安全，一到冬天也无法保暖，为此，人们想尽办法来建造真正适合人类居住的房屋。

经过考古发现，在距今六七千年前的新石器时代，我国就已经出现房屋建筑了。

当时的房屋主要可以归为两种类型：

第一种是一半地穴式房屋和地面房屋。这样的房屋是圆形的,地穴有的深,有的浅,直接用坑壁作为墙壁,四周用木头支撑屋顶,屋顶用泥土抹好。

第二种是干栏式建筑。就是用木桩构成高出地面的底架,然后再在架子上用竹子或者茅草之类的来建造房子。

在人们发现并且学会制作工具之后,建房似乎就变得更加简单一些了,但那时还没有钢筋和水泥,人们用什么来建造房屋呢?

人们只能依靠大自然给予的最便捷的材料——木头和石头。于是,经过人们的精工雕凿和科学拼接之后,便建造出了大量的木屋和石屋。这样的房子虽然算不上多么精致,但是和从前住在山洞和树上比,生活质量已经有了很大的提高。

渐渐地,人们发现了木头和石头的妙用,更是直接把二者结合起来,于是建造了许多木头和石头相结合的房子。这样一来,房屋变得更加结实,构造也更加合理。

近代的房屋早已不再依靠天然材料,而是采用钢筋、水泥等人工建筑材料,甚至我们还会把房子进行粉刷,看上去金碧辉煌。

事实上,由于历史文化和各地的风俗习惯不同,各个民族的房屋构建也不一样。比如藏族的碉房,虽然也是用石木构造的,但是在结构上却很新颖,一般分为上下两层,二层是居住室，一层是贮藏室，有的甚至还会建三层，这样一来，晾晒食物就方便多了。

蒙古包也很有特点。蒙古包是游牧民族特有的房子，便于拆建，非常适合游牧生活。

如果你去过云南，了解过哈尼族，那么你会发现，哈尼族的房屋就像是一朵一朵的蘑菇，非常有趣，人们把它称为蘑菇房。

别看这房子像一朵简单的蘑菇，可是在结构上却一点也不简单。一般的蘑菇房可以分为三层，最底层是用来养牲畜或者安放农具的；中间的一层是用木板铺成，同时被隔成几个房间，中间的一间还会建成方形的火塘；最顶层是用泥土覆盖的，用来堆放物品用，有点像我们常说的储藏室。这样的房子主要是以土石为墙体材料，既可以适应当地地势陡斜的特点，又能有效防火。

类似的房屋还有很多，可以说，每个地方的房屋建筑都是和当地的气候特点及地势地形相适应的，这也是人类智慧的象征。

最初房屋只是为了躲避风雨、野兽的追击，而今天的房屋却有了新的意义，这是我们生活和工作的庇护所，更是我们一天也离不开的家。

39 风餐露宿

40 空中楼阁

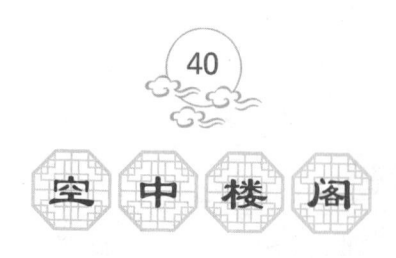

【释义】 悬在半空中的楼阁。比喻脱离实际的理论、计划或虚构的事物。

【出处】 唐·宋之问《游法华寺》诗:"空中结楼殿,意表出云霞。"

【近义】 海市蜃楼

科普知识

先来看一个很有趣的故事。传说在很久很久以前,村庄里住着一个傻财主,他尽做傻事,所以常常遭到村里人的嘲笑。

一天,傻财主到隔壁村的一位财主家去做客,觉得这位财主家的新屋实在是太漂亮了!一共有三层,宽敞明亮不说,看起来富丽堂皇。傻财主顿时心里就不舒服了,"我的钱可不比他的少,这样漂亮的房子,我也要有!"于是,等他回到家,立即派人找来了工匠,和工匠说:"邻村新建的那幢楼不错,你们照样子给我也建一幢,记住我要三层楼的房子哦!"

工匠们听他说话阴阳怪气的,都不停地在心里嘀咕着:"唉,不知道这次他又要闹出什么傻事来呢!"

可不管怎么样,房子还是要建的,于是工匠们便各自忙开了。

傻财主闲不住,于是来到工地监工,他东瞅瞅西瞧瞧,心里十分纳闷,于是问正在打地基的工匠说:"你们这是在干什么?"

"要建一幢三层楼的房子呀!"

"不对,不对。我要你们造的是那第三层楼的屋子。我只要最上面的那层,下面那两层我不要,快拆掉。先造最上面的那层。"

这下工匠们傻了眼,哈哈大笑,说:"只要最上面那层,那我们不会造,你自己造吧!"

可怜的傻财主不知道,只要最上面一层,不要下面两层,那是再高明的工匠也造不出来的呀!

可是你知道吗,在生活中你或许就见过这样的房子呢!

比如,在平静的海面、江面等地方,偶尔会在半空中看见高大的楼台、树木等，这是怎么回事呢？难道这种没有根基的房子只能在水面上建造吗？

事实上，我们在水面上看到的并不是真实存在的房子，而是一种幻景，人们把这种现象叫作"海市蜃楼"。

之所以会出现这种情况，是因为海上的空气湿度比较大，厚度也比较大，这样大面积的水蒸气就会形成一个巨大的透镜。当地面的气温剧烈变化时，会引起大气密度发生巨大差异，光在传播时会发生折射或全反射，从而造成了蜃景的出现。

没想到吧，如此虚幻的景象后面还藏着这么多知识呢！

其实这种光线折射或全反射现象不只发生在海面上，也会发生在沙漠中，道理是一样的。

沙漠里，白天沙石受太阳炙烤，沙层表面的气温迅速升高。由于空气传热性能差，在没有风的情况下，沙漠上空的垂直气温差异非常明显，下热上冷，上层空气密度高，下层空气密度低。当太阳光从密度高的空气层进入密度低的空气层时，光的传播方向发生了改变，经过光的折射，便将远处的绿洲呈现在人们的眼前了。

于是有人就会在一眼望不到边际的沙漠里，远远望见一片绿洲，可惜这只是一种幻景。

不过，能遇到这样的景象是很难得的，毕竟出现海市蜃楼是需要满足很多气候条件的，可不是想见随时都能够见到哦！

41 诗情画意

【释义】 意：意境，情调。像诗画里所描摹的能给人以美感的意境。

【出处】 周密《清平乐·横玉亭秋倚》词："诗情画意。只在阑干外。雨露天低生爽气，一片吴山越水。"

【近义】 画中有诗

科普知识

诗歌是文学作品中比较特别的一个存在，行文很短，却字字都能表达出作者想要抒发的情感，可见写诗歌并不容易，一个字的推敲常常要花上好大的功夫。

既然诗歌这么难，最初人们怎么想到要写诗歌呢？

这得从古时候说起。

诗歌来源于劳动号子，后发展为民歌。那时候信息不像我们今天这样发达，想要传递信息更是难上加难。于是，那些想要把重要信息传递下去的人，只好用最简短的字句来表达意思，再将这简短的诗句编成歌，通过吟唱将信息传递下去。

据《礼记·乐记》记载："诗，言其志也；歌，咏其声也；舞，动其容也。三者本于心，然后乐器从之。"

可见，在很久以前，诗、歌与乐、舞是合为一体的。诗其实就是歌词，在实际表演中总是配合音乐、舞蹈而歌唱，后来诗、歌、乐、舞各自发展，独立成体。

需要配乐的人们把它称为歌，而不需要配乐的，人们把它称为诗。

中国诗歌具有悠久的历史和丰富的遗产，所以诞生了很多种不同时期、不同形式的诗歌，按照发展的先后顺序，主要有《诗经》→《楚辞》→汉乐府诗→魏晋南北朝民歌→唐诗→宋词→元曲→明清诗歌→现代诗、新诗。

中国古代的著名诗人很多，我们比较熟知的，比如陶渊明，他曾做过几年小官，后来辞官回家，从此隐居，他根据自己的田园生活，写出了很多田园诗。

李白，我们都知道他是浪漫主义大诗人，他的诗大多是把自己的个性融化到自然景物中去，使他笔下的山水丘壑也具有浪漫的、理想化的色彩。

还有杜甫，他的作品更多的是对国家的忧虑及对老百姓穷苦生活的同情，他所写的诗全方位反映了唐代由盛至衰的过程，因此又被人称为"诗史"。

从古至今，诗人数不胜数，作品更是不胜枚举，但是在写作手法上大多体现了下面这几种方式：

首先就是夸张。夸张就是把要描写的事物夸大，来引起读者的联想。

比如李白《赠汪伦》中的"桃花潭水深千尺，不及汪伦送我情"，还有《望庐山瀑布》中的"飞流直下三千尺，疑是银河落九天"，我们都知道"深千尺"和"三千尺"并不符合现实，但是这样的写作手法却令读者印象深刻，同时诗句也饱含了作者的激情。

第二种就是比拟。比拟就是以物拟人，最具代表性的就是徐志摩的《再别康桥》："轻轻的我走了，正如我轻轻的来；我轻轻的招手，作别西天的云彩。那河畔的金柳，是夕阳中的新娘；波光里的艳影，在我的心头荡漾。"

不难看出，这里作者把"云彩"和"金柳"都比拟成人，这样的写法给读者带来惊喜的同时，又表达出了作者的情怀。

第三种是借代。借代就是用一个事物代替另外一个事物。

唐代诗人李白在《望天门山》中写道："两岸青山相对出，孤帆一片日边来。"意思是说，两岸高耸的青山隔着长江相峙而立，江面上一叶孤舟像从日边驶来。在这里，"帆"代指"舟，小船"。

孤舟从天水相接处的远方驶来，远远望去，仿佛来自日边。叙事中饱含诗人的激情，气魄豪迈，音节和谐流畅，语言形象、生动。

没想到吧，创作诗歌不容易呢！诗歌中的每一个字都要细细思量，不过，也只有这样才会创作出更加优秀的作品来！

42 门庭若市

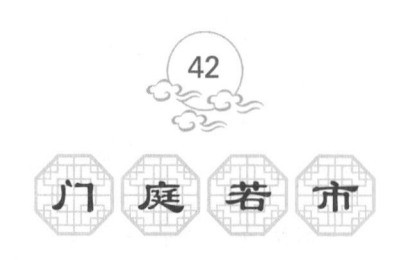

【释义】 庭：院子。市：集市，市场。门口和庭院里热闹得像集市一样。原形容进谏的人很多。现形容来的人极多。

【出处】《战国策·齐策一》："令初下，群臣进谏，门庭若市。"壮者《扫迷帚》第十三回："旁边观看的人，都称此女为仙姑，说治病如何灵验，因而门庭若市，获利无算。"

【近义】 车马盈门

【反义】 门可罗雀

科普知识

我们的日常生活离不开一个地方，那就是市场。要想正常生活，我们就要到市场里去买吃的、穿的、用的，可以说，我们的衣食住行样样都离不开市场。是什么时候开始有了市场呢？最初人们又是如何购买东西的呢？

相传上古时期，每到春天，后稷都会教给大家农耕的技术。后来，在每年农闲时节的农历十一月初七，四面八方的百姓纷纷带来各自收获的粮食瓜果聚到一起，答谢后稷，还有人彼此交换成果，然后满意地回去。这种以物换物的方式，可能就是中国最早的市场了。

《周易·系辞》中记载："（神农）日中为市，致天下之民，聚天下之货，交易而退，各得其所。"司马光在《资治通鉴》中也说："神农日中为市，致天下之民，聚天下之货，交易而退，此立市之始也。"可见，这两种说法都认为原始市场是从神农氏时代开始出现的。

在古代社会，人们已经开始耕田种地了，也就是说农业已经开始发展了，先民们可以用少量的剩余下来的产品互相交换，由此便产生了原始市场。

《史记正义》中写道："古者相聚汲水，有物便卖，因成市，故云'市井'。"

有趣的是，过去还没有"市场"这种说法，而是把它称为"市井"，这是为什么呢？

因为过去在进行物品交换的时候，大多选择在井边进行。之所以这样选，一方面是因为在井边可以解决这些商人和牲畜随时用水问题，另外一方面是便于清洗商品。"市井"这个词一直沿用了很久。

到了周朝，市场发展得很快，每天的交易活动有三次。

"朝市"在早晨,"大市"在午后,"夕市"在傍晚。"朝市"其实和我们现在的"早市"很像,而"夕市"和我们现在的"夜市"差不多。

这个时候的市场已经是小有规模了,除了小商小贩,还有一种人会出现,那就是小吏,他们是专门守在门口,维持市场秩序的。

到了两汉时期,市场规模越来越大,全国一共有六大商业城市,售卖的商品种类也越来越多。

据《史记·货殖列传》记载,当时流通的商品主要有农产品,比如粮食、蔬菜之类的;有林产品,比如竹竿、木柴之类的;有畜产品,比如牛肉、猪肉之类的;还有渔业产品,比如鲜鱼、小杂鱼;等等。

除了这些,还多了一些手工业产品,比如铜器、铁器、木器。可见,这个时候人们已经懂得用手工制品来换钱换物了。

这就出现了一些靠经商致富的人,当时有民间谚语:"以贫求富,农不如工,工不如商;刺绣文不如倚市门。"因此,很多农民放弃了种田,开始到城市里做生意。

尤其值得一提的是,两汉期间,外国商人络绎不绝地来到长安。他们带来自己的特产,换取中国的货物,这样一来,我们的市场里便有了"进口货",而我们的产品,也可以"出口"了。

到了宋代,市场的经营形式和现在就很像了,没有了时间的限制,也没有了地界的限制,交易活动从此变得更加自由了。

43 近水楼台

【释义】 在靠近水边的楼台上，能先见到月亮。比喻因条件优越，能优先得到好处。

【出处】 俞文豹《清夜录》："范文正公（范仲淹）镇钱唐，兵官皆被荐，独巡检苏麟不见录，乃献诗云：'近水楼台先得月，向阳花木易为春。'公即荐之。"

【也作】 近水楼台先得月

科普知识

在观看古代历史剧、宫廷剧或者是阅读一些描写古人生活的历史书时，我们会发现其中有很多描写房屋的字或者词，比如宫、殿、亭、台、坛、榭、廊、厢、舍、轩、斋、寝、楼、阁等。那么，人们是怎么区分这些建筑的呢？这些字又分别代表着什么样的建筑呢？

我们先来看"宫"。在上古时期，宫只是用来指一般的房屋建筑，没有高低贵贱之分。但是到了秦朝以后，宫的意义就有所改变了，主要是指帝王的住所，而且在建造时也是有很多规矩的。

宫室一般是朝南，里面分成堂、室、房等几个部分。"堂"通常是处理公务或接待宾客的地方，不住人，有点像我们今天的客厅；"室"，用来住人，有点像我们今天的卧室；室的两侧是东西房。

殿，也就是堂，汉代以后习惯称"堂"为"殿"，所以一般将"殿""堂"连用，后来又多专指皇宫中的堂。

亭，在古时候是指公家的房舍，一般建在路旁，方便旅客投宿。在秦汉时期，一般十里便设置一个长亭，五里设置一个短亭，这是不是和我们在电影中看到的"客栈"有点像呢？不过现在说到"亭"，一般是指园林里有顶无墙的建筑。

"台"和"坛"有点像，又不太像。一般把又高又平整的建筑称为台，台上有的有建筑，有的没有建筑，台上的木结构建筑叫榭。规模比较大且高度比较高的台被称为"坛"。

说到"廊"，我们的脑子里都会出现一个差不多的建筑，没错，就是类似于房檐下的过道，像长廊、回廊等。"廊"指的大多是这样的建筑。

我们常常会听到长辈们提到"厢房"，人们将南北向分布的正房两侧的房子通称为"厢房"。

《说文解字》中说，"舍"指的是市居之所，包括客栈、旅馆、庐室之类。可见，"舍"包含的范围比较广，是泛指房屋，比如"茅舍""寒舍"等。

轩，是指有窗槛的长廊或小室。杜甫曾在《夏夜叹》中诗："开轩纳微凉。"古时候皇帝不坐正殿而在殿前平台上接见大臣们，被称为"临轩"。

斋，有清心雅静、读书思过的意思，所以古代的斋室一般指的是书房和学校。

《尔雅·释宫》中说："无东西厢有室曰寝。"也就是说，在古代，没有东西厢的堂室总称为寝。寝还有指代帝王宫室的意思。后来，人们将很多人睡觉的大房间称为寝，如果放到现在，大体就是指我们的卧室了。

楼，指的是很多层的屋子，在古代称为重屋。《古诗十九首》中有"西北有高楼，上与浮云齐"。可见，当时的"楼"和现在所指的"楼"意义相近。只是，古时候人们住的楼大多是木制的或竹制的，而且楼上并不住人，只是作为储物间放些杂物。

阁，是古代一种特有的建筑形式。最初指开门后架在两扇门上防止门自动关合的长木橛。后来，"阁"成了与"楼"相对应的架空小楼房。阁一般是四边形或多边形，周围设槅扇或栏杆回廊，可以用来藏书或者游园远眺。

中国的汉字文化博大精深，不同时代对于房屋的称呼并不相同，或者说同一称呼放在不同时期所指的建筑形式也不一样，这就要靠我们一点一点去积累啦！

44 跃然纸上

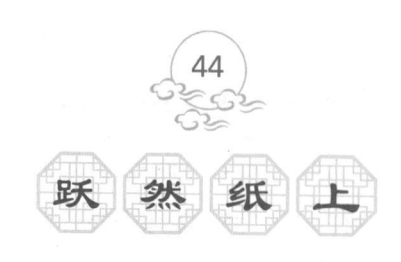

【释义】跃然:活跃地呈现出来的样子。活跃地显现在纸上。形容刻画、描写得非常生动、逼真。

【出处】薛雪《一瓢诗话》第三十三卷:"如此体会,则诗神诗旨,跃然纸上。"

【近义】栩栩如生　呼之欲出

【反义】画虎类犬

科普知识

很多同学从小就喜欢画画,拿上彩笔在洁白的画纸上画出各种颜色的线条。在纸上画画,对于现在的我们来说一点也不稀罕,可你知道吗,在很久以前,当人们还没有发明纸的时候,其实就已经开始画画了,不过那时候是在帛上画画。这样的画早在2000多年前就有了,算下来比宣纸作画要早1000多年呢!

直到现在,很多博物馆里面还保存着这样的艺术作品,可以说，每一幅画都是独一无二的。当你走进博物馆遇到帛画的时候，一定要记得驻足观赏哦！

"在帛上画画"是什么意思呢？就是在丝织物上作画。

在丝织物上作画，那一定很容易吧？完全不是的，难得很呢！

让我们以绢布为例，一起来看一看古人是如何在丝织物上作画的吧。

第一步，要做一个草图。在绢上作画是容不得半点错误的，因为没有修改的机会，所以为了避免出错，只能提前做好草图。

第二步，平刷上浆。绢布丝丝滑滑的，根本不吸水，这样很难把图案画上去，更别说染色了。不过没关系，古人想到了一个绝妙的办法，那就是将明矾和胶水按照一定的比例混合，再用平头刷把它刷到绢布上，等到绢布晾干后，就很容易上色了。

第三步，描绘到绢布上。把提前做好的草图平铺，然后把晾干后的绢布平铺到草图上面，这样就能透过绢布看到草图上细细的线条，就可以提笔描绘了。不过也要严格控制握笔的力道，否则，和草图出入太大的话，画出来的图案就不会太美观了。

第四步，给图画上色。将草图描好之后，就可以上色了。需要注意的是，绢布不像画纸只需给一面上色就可以了，绢布是需要两面上色的。先给正面上色，等晾干之后，再在背面上色。这种在画作背面上色的过程叫"托色"，毕竟绢布很薄，需要在背面上色来衬托正面的色彩。

第五步，点缀纹路。将需要的颜料调和好颜色后，用毛笔蘸水，在图片上晕染。至于颜色的深浅，就需要看自身追求的效果了，想要颜色浓烈一点，就要多蘸一点颜料；想要颜色清淡一点，就少蘸一点颜料。最后，再用黑色描一遍图案的轮廓。

好啦，这样一幅完整的绢上绘画作品算是完成了。不过也有一些追求完美的人，还会将棉花捻成小团，把图案的颜色慢慢"墩"入绢丝纹理中，这样反复几次，色彩看上去更加自然、明亮。

现在，你知道古人画一幅画有多难了吧！尽管如此，他们依然喜欢在绢上作画，即使后来出现了纸张。

在丝织物上作画考究的不单单是作画人的手法，更重要的是历练作画人的心智，心要静，手要稳，追求一气呵成。否则，心不静，手稍微一抖，一幅画也就毁了。

直到今天，这项技艺依然无处不在。走在商场里，随处都可以看到那些丝质的衣服上洋洋洒洒地展现着笔墨画,虽然这种制作方式今天多用机器替代,但这绘画的精髓却是从很久以前传下来的。一点点地磨墨上浆,一次又一次地描画上色,这就是绘画美的秘诀!

45 聚沙成塔

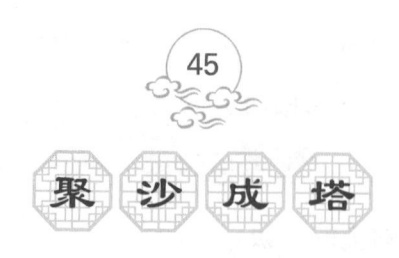

【释义】 聚细沙成宝塔。原指儿童嬉戏。后比喻聚少成多。

【出处】《妙法莲华经·方便品》:"乃至童子戏,聚沙为佛塔。"

【近义】 积土成山

科普知识

说到"塔",我们都不陌生,甚至还能说出几个比较有名的塔来,比如埃菲尔铁塔、比萨斜塔等,在中国,塔一般指有着特定的形式和风格的中国传统建筑。

中国的塔,一般是由地宫、塔基、塔身、塔顶和塔刹组成。地宫在塔基的正中地面以下,塔基由基台和基座两部分组成。塔刹是在塔顶的上面。

根据塔身的高度不同,塔形建筑自然也就分成了很多种类型,比如在公元三四世纪的时候,就有三层塔身的塔形建筑，后来经过发展和改造，逐渐出现了五层、七层、九层等。

我们通过影视剧了解到了雷峰塔，那你知道它为什么叫雷峰塔吗？

传说雷峰塔是吴越王为庆祝黄妃得子而建成的，所以当时取名叫"黄妃塔"，不过在民间，人们给它取名"雷峰塔"就是因为它建在雷峰上。

雷峰塔曾经是西湖的标志性景点，北山还有一座保俶塔，两塔一南一北隔湖相望，有"雷峰如老衲，保俶如美人"的美誉，每每夕阳西下，塔影横空，更是美不胜收。

可令人遗憾的是，明朝嘉靖年间，雷峰塔塔外部的木质结构被烧毁，塔基被人偷走。清朝许承祖曾作诗云："黄妃古塔势穹窿，苍翠藤萝兀倚空。奇景那知缘劫火，孤峰斜映夕阳红。"雷峰塔倒塌之后，"雷峰夕照"从此便成了空名，连山名也换成了夕照山。

还有一个塔不能不提，那就是西安大雁塔。

西安大雁塔建于唐代，是我国著名的古代建筑之一，建在一座方约45米，高约5米的台基上。塔身7层，地面到塔顶高64米，塔内有楼梯，可以盘旋着登上塔顶，凭栏远眺西安美景。

一直以来，大雁塔都深受人们的喜爱。如今，大雁塔仍是古城西安的标志性建筑，也是闻名中外的胜迹。

在我国，类似的塔还有很多，有的具有悠久的历史，有的蕴藏着美丽的传说，还有的因建筑特别而赢得人们的赞誉，可以说，每一座塔都有它独有的魅力，自然，每一座塔也都值得去观赏。

窗明几净

【释义】 几：小桌。形容房间干净明亮。

【出处】 欧阳修《试笔》："明窗净几。"魏秀仁《花月痕》第一回："窗明几净，得一适情之物而情注之；酒阑灯灺，见一多情之人而情更注之。"

【近义】 纤尘不染

科普知识

窗子能通风通光，而我们的生活离不开阳光和空气，从这个角度讲，窗子是决定我们生活质量的一个重要因素。

古人很早便有这样的意识了。因此，当建筑出现时，窗子便也伴随着出现了。在古代，窗子的形式有很多，而且南北方对窗子的称呼又不尽相同，常常是同一种窗子有好几个名称，不过总结下来，大体可以分成以下几种：

第一种是直棂窗。顾名思义，就是窗格是以竖向的直棂条为主，这是一种比较古老的窗子形式，看上去有点像栅栏。

第二种叫槛窗。和第一种相比，这算是一种形制比较高级的窗子了。说它高级，是因为在窗扇上有转轴，窗子可以很自由地向里或者向外打开。这种窗子常用在比较高级的建筑中，比如一些厅堂、大型的住宅、祠堂之类的，尤其是一些皇家建筑。

第三种叫支摘窗。这种窗子就更加特别了，因为它可以支起来，也可以摘下来。在明清以后的很多普通住宅里用的都是这样一种窗子。这种窗子是分为上下两段的，上段为支窗，下段为摘窗。不过，在南方一些地区，也有将支摘窗分成上、中、下三段的，这种又被称为"合窗"。

第四种叫漏窗。窗洞上装饰着各种镂空图案，这种窗常见于园林建筑中，是园墙上的一种小装饰。如果你有机会走进苏州园林，定能看到这种漏窗。

第五种叫空窗。所谓空窗，就是窗洞全部空透，视线可由空处穿透窗户向外看。空窗和漏窗的区别是，空窗只有窗洞而没有窗棂。

第六种叫长窗。这种窗子就是比较常见的格扇门。它开启的时候，是可以供人出入的门，但关上时却又是窗子。这种窗子在大型建筑中常常和半窗、花窗等组合安装，整体看上去更有美感。

第七种叫地坪窗。这种窗子大多用于建筑次间廊柱之间的栏杆上,和栏杆一起安装,开窗后坐在栏杆上就可以欣赏外面的风景。地坪窗一般有六扇,样式和结构与长窗很像,但长度不及长窗。

第八种叫横坡窗。横坡窗大多是用在房间过高或者过宽的地方,使建筑整体看起来更加协调,样式一般和槛窗比较接近。

事实上,古代的窗子还有很多种,它们是一种充满诗意的艺术存在,尤其是身处园林中,目之所及都是一种美。我们不得不感叹古代工匠们的智慧和才华,在他们的雕琢和设计下窗子竟变得生动且浪漫。

47 昏昏欲睡

【释义】 指昏昏沉沉，非常困倦，极想睡觉。形容精神不振，非常疲倦。

【出处】 王阮《代胡仓进圣德惠民诗》："袅袅浑无力，昏昏只欲眠。"

【近义】 萎靡不振

【反义】 神清气爽

科普知识

古人云："一夜不睡，三日不醒。"睡眠是人类的一种正常生理现象，计算下来，人的一生中睡眠要占去近1/3的时间。

人为什么要睡觉？这个问题一直困扰着科学家。经过研究，他们大体给出了这样的解释：

睡觉是大脑神经活动的一部分，是大脑皮质内神经细胞继续兴奋之后产生抑制的结果。当抑制作用在大脑皮质内占优势的时候，人就会睡觉。这种抑制是为了保护神经细胞，以便让它们重新兴奋，让人们继续工作。睡觉同时也是记忆细胞新陈代谢的过程。那些老化的细胞把关于记忆的信息输入到新的细胞内，这样才能保证我们每时每刻都能回忆一些往事，不然，就容易"断片儿"了。

人的睡眠是呈周期性的，根据睡眠时的脑电图模式，我们把睡眠周期分为五个阶段。

第一阶段是入睡期。它是清醒和睡眠之间的转换期，这一阶段人很容易醒来，我们平常也把它称为静息状态或半睡状态，持续时间大约10分钟。

第二阶段是浅睡期。这一时期容易觉醒，入睡困难的人，常常会惊醒，我们平常也把它称为已经睡着了，持续时间大约20分钟。

第三阶段是中睡期。这一时期意识消失，不易觉醒，我们平常也把它称为睡沉状态或沉睡状态，持续时间大约40分钟。

第四阶段是深睡期。这一时期睡眠深沉，觉醒相当困难，我们平常也把它称为睡"死"了，持续时间大约20分钟。

第五阶段是快速眼动期。这一时期眼球快速转动，大约50~60次/分，我们平常也把它称为做梦状态，持续时间大约5~10分钟。

没想到吧，睡觉还有这么多的学问呢！

至于睡姿，那更是千差万别了！事实上，不光是我们人类，动物也是需要睡眠的，他们睡觉的方式更是千奇百怪。

比如，章鱼睡觉的时候，用两只触手在身体周围不住地挠动，其余的触手都卷起来休息了。谁要是碰到它两只醒着的触手，章鱼就会马上跳起来。

涉禽类动物单脚独立站着睡，狼、狗、豺等犬科动物把耳朵贴在地上睡，蝙蝠倒挂着身体睡，蜘蛛猴把尾巴钩在树上睡，鱼睁着眼睡……是不是很有趣？其他动物的睡眠状态是什么样的，就等待你去探索呢！

48 坐井观天

【释义】 观：看。坐在井里看天。比喻目光狭窄，见识短，很有局限性。

【出处】 韩愈《原道》："坐井而观天，曰天小者，非天小也。"

【近义】 一孔之见　管中窥豹

【反义】 高瞻远瞩　见多识广

科普知识

我们常常觉得《坐井观天》中的那只青蛙可怜，因为它只活在自己的世界中，见识短浅不说，还对别人的建议置之不理。是呀，如果说知识是一片汪洋大海的话，我们也不过是海洋中的一种生物，如果不能潜心学习，怕是也成了"井底之蛙"。

提到井，我们不能不提伯益，他善于畜牧和狩猎，发明了屋舍，被民间尊称为"土地爷"。你可能还不知道，水井也是他发明的，民间尊他为"井神"。

我们都知道井的作用，就是方便从地下取水。可是，在没有发明水井前，人们不得不靠近河流定居，忍受河水泛滥的威胁。凿井技术发明后，人们摆脱了河水泛滥带来的灾难。那你有没有想过，在科技并不发达的古代，人们是怎样挖井的呢？

首先，要选择一个适合挖井的地方，比如长着茂密艾蒿的地方。古人认为，艾蒿长得好便可以说明这里的地下水比较充沛，而且水也好喝。

选好了地方，接下来要做的事情便是挖土了。注意，这是在很久以前，人们没有先进的工具，有的只是一个叫蝴蝶锥的东西，头部像是一个锥子，上面有两个像蝴蝶翅膀一样的泥斗。

在使用蝴蝶锥时，把锥头深深钻进泥沙里，然后泥沙会被挤到上面的泥斗里，等泥斗被塞满了，再把蝴蝶锥拉出来进行清理。就这样一下又一下地挖，过程很简单却又很需要耐心。

下一步就是制造井桄。什么是井桄呢？就是在井挖到一定深度的时候，为了防止塌方，要用木头来加固，而这用来加固的木头就被称为"井桄"了。

井桄一般是六边形的，之所以选择这样的结构，一方面是因为这样的井桄构架合理，另一方面就是支撑力比较强。至于材料，一般会选择落叶松的板材，结实耐用。

木匠在地面上把井桄一层层地下进井里，用重锤将井桄夯实。如此反复，直到井出水。当然，如果条件允许，或者是临时打井的，也有用石头或者砖来堆砌井壁的。

这个时候，辘轳就派上用场了。辘轳，是由辘轳头、支架、井绳、水斗等部分构成的。有了它就可以打水了。

传说古人在挖井的时候，都会放一只乌龟在旁边，这又是为什么呢？

古时乌龟象征着四大神兽中的玄武，而玄武被人们认为是水神。之所以放一只乌龟在井边，一方面是因为人们希望得到水神的庇佑，让井能够多出水；同时乌龟长寿，寓意让后世的子孙都能使用这口井。在古人的眼中，这些是比较重要的事情，当然也是人们的一种美好愿望。

如今看来，古人放置乌龟大概也是为了试毒吧。毕竟有些地方的水质不好，容易导致生物死亡，有了乌龟，便可以判断水是不是受过污染了。这样看来，我们不得不佩服古人的智慧了。

人们依赖井，渐渐地，"井"有了延伸义，代表着人们聚居的地方。所以，当人们离开家乡时，是用"背井离乡"来形容的，可见这里的"井"字要理解成"家"或者"家乡"了。

滥竽充数

【释义】 竽：形状像笙的古乐器。比喻没有真才实学的人混在行家队伍中充数。也比喻以假的冒充真的,以次的冒充好的。有时表示自谦,说自己水平不够只是凑数而已。

【出处】《韩非子·内储说上》:"齐宣王使人吹竽,必三百人。南郭处士请为王吹竽,宣王说之,廪食以数百人。宣王死,湣王立,好一一听之,处士逃。"

【近义】 鱼目混珠

【反义】 名副其实

科普知识

关于乐器的来历,有很多种说法,有迹可循的是:女娲作箫,伏羲作箫,伏羲作琴,黄帝命伶伦铸十二钟……

事实上,这些也都是在一些古书上记载着的传说或者是神话故事。

要说乐器的起源,就不能不提到劳动,因为很多艺术都起源于劳动。在原始社会，人们只能从事一些简单的像狩猎、采集之类的活动，就是在这些活动中，一些简单的打击乐器便渐渐诞生了。

比如我们都比较熟悉的鼓。最早的鼓是土制的，用草扎的鼓槌敲击。随着生活变得越来越好，人们对事物的认识越来越深，乐器的种类自然就越来越多了。

关于乐器的发展，大体可分为下面四个发展时期。

首先是远古时期。根据一些已经出土的实物来看，吹奏类乐器是最早出现的，但同时也有不少击奏类乐器。

不管是哪一类，都看起来极其简单，但就是这样的乐器也是古人智慧的体现，同时也可以看出他们对音乐的追求。

第二个时期是先秦时期。这个时候是乐器发展的第一个高峰，人们认识到了"八音"，这是一种按照乐器的制作材料进行分类的方法，主要有金、丝、土、石、革、木、竹、匏。

这个时期的乐器主要以击奏类为主，打击乐器有鼓、钟等，弦奏乐器主要有筝、琴等，吹奏乐器有笙、箫等。和上一个发展阶段相比，这个时期的乐器在外观上有了很大的改善，变得更加精致美观了。

第三个时期是秦汉隋唐时期。这是我国乐器发展的鼎盛时期，尤其是在唐代，可以说是我国乐器发展的最高峰。这个时候出现了古琴谱,现存唐初人手抄的南朝梁隐士丘明所撰的《碣石调·幽兰》是我国最早的琴谱。

这个时期弹奏乐器也是空前的繁荣,据记载,当时乐器有三百多种,尤其是琵琶,成为人们心目中最重要的乐器之一,上至宫廷燕乐,下至民间表演,琵琶都担当着重要角色。我们都知道唐代盛行歌舞,这也对乐器的发展起到了一定的助力作用。

第四个时期是宋元明清时期。宋代最主要的是弓弦乐器的发展,但是到了明清时期,宫廷类乐曲渐渐地走向衰落,反倒是民间音乐广为流传。人们不满足于乐器的单独演奏,开始向合奏演变。戏曲说唱渐渐走进了人们的生活,所以对乐器的音量、音域、音色都有了更高的要求。

这样看来,关于乐器的发展似乎很简单,其实不然,古代乐器涉及的范围很广,浩瀚如烟,需要一点一点去研究。

通过了解我们知道,乐器的发展其实和人们所处的环境有一定的关系。我们生活在一个科技发达、生活富足的年代,虽然乐器的种类已经数不胜数,但我们依然期待着能有更多、更能体现中国文化的乐器诞生,并将中国的传统音乐文化流传下去。

● 成语与日常生活

消除挑战
趣味猜谜
历史典故
成语之最

微信扫码

改 弦 更 张

【释义】更：更改，改换。张：给乐器上弦。比喻改变方针、计划或方法。

【出处】《汉书·董仲舒传》："窃譬之琴瑟不调，甚者必解而更张之，乃可鼓也。"《魏书·高谦之传》："且琴瑟不韵，知音改弦更张；骈骖未调，善御执辔成组。"

【近义】改弦易辙

【反义】墨守成规

科普知识

关于乐器，你认识多少种？事实上，有很多很古老的乐器是我们现在很难接触到的。在远古时期，乐器给人们带来了很多的快乐，甚至是有助于他们的生活，为什么这么说呢？

比如人们在狩猎的过程中，鼓就能起到很好的辅助作用，有了鼓声的加持，狩猎起来便更加得心应手。今天我们就来认识几样具有悠久历史的乐器。

第一样是鼓。我们对鼓并不陌生,在生活中常常能见到,相信有很多人还会打鼓。

从古至今,鼓声不断,而且可优雅也可通俗。说它优雅是因为它可以出现在宫廷盛宴的现场;说它通俗,是因为民间欢乐场景也有它的身影。

关于鼓的分类有很多种,主要有腰鼓、大鼓、同鼓等。

第二样是笙。笙是一种很古老的乐器,是一个吹奏乐器,一般是用十三根长短不等的竹管制作而成的。因吹奏出来的音调悠扬婉转,它的诞生给人们带来了不一样的感受。

第三样是埙。要说哪样乐器最古老,埙必定是排在前列的。埙可以说是中国最古老的乐器之一,算下来也有七千年的历史了。关于埙的诞生,由于时间久远,猜想大概是先民们用它来模仿鸟兽的声音,从而引来猎物吧!

毕竟,埙的音色可哀婉,也可悲凄,很容易吸引到猎物。只是后来,人们渐渐从中感受到了这种声音的美妙,埙逐渐演变成了乐器。

第四样是琴。既然说到琴,那就不能不提到"中国古代四大名琴"——齐桓公的"号钟"、楚庄王的"绕梁"、司马相如的"绿绮"、蔡邕的"焦尾"。

虽然我们没有机会现场感受这四大名琴的妙音,但我们可通过资料的记载去了解并且认识它们。琴在乐器界的地位很高，尤其是在文人当中，弹琴更是盛行。因此，琴成为古代文人雅士修身养性的必修功课之一。

第五样是瑟。我们常说"琴瑟和鸣"，当有琴的时候如果没有瑟相伴，总觉得音不够美。瑟和古琴看起来很像，瑟有二十五根弦，在先秦时期十分盛行，唐代应用也很多，但是后来便渐渐用得少了。

第六样是箫。箫和笛子一样，是吹管乐器，但是箫的历史不及笛子。笛子是迄今为止发现的最古老的吹奏乐器，已经有八千多年的历史。箫是用竹子制作而成的，上面有吹孔，主要有六孔箫和八孔箫两大类。箫的音色圆润轻柔，幽静典雅，适于独奏和重奏。

第七样是琵琶。琵琶的历史算不上悠久，但是也已经有两千多年的历史了。直到现在，琵琶还是比较常用的乐器，而且因为琵琶音色悦耳动听，演奏出了很多名曲，比如《十面埋伏》《阳春白雪》《昭君出塞》等。

关于古代乐器的文字记载还是很多的，比如二胡、编钟，在过去都是很受欢迎的乐器，如果你想要对它们有更多的了解，就找相关资料阅读起来吧！

● 成语与日常生活

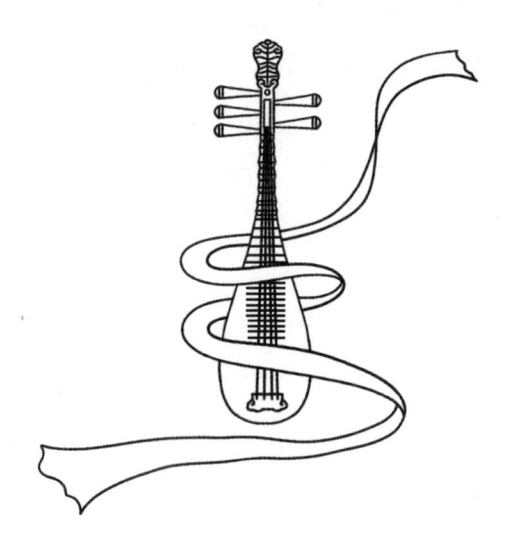

消除挑战
趣味猜谜
历史典故
成语之最

微信扫码

51 高山流水

【释义】 比喻知己或知音。也比喻乐曲高雅精妙。

【出处】《列子·汤问》:"伯牙善鼓琴,钟子期善听。伯牙鼓琴,志在登高山,钟子期曰:'善哉,峨峨兮若泰山!'志在流水,钟子期曰:'善哉,洋洋兮若江河!'伯牙所念,钟子期必得之。"

科普知识

人类从什么时候起有了音乐?答案已经很难考证了,但可以肯定的是,早在人类还只沉浸在劳动中时,就已经学会利用声音的强弱来表达情感了。比如,劳动中喊的号子,通过呼喊的节奏来带动人的力量,这恐怕是最早的音乐雏形。渐渐地,当人们收获劳动果实时,也常常用敲打石器、木头等方式来庆祝。

在中国古代,音乐和诗歌是分不开的,比如《诗经》中的诗篇,在当时都是配有曲调的,吟唱出来别有一番情趣。

不光是《诗经》，唐诗宋词也是可以唱的，比如苏轼用来描写中秋佳节的《水调歌头》，当时就是配乐吟诵的。加入曲调之后，诗词更能表达当时人的心境。

在古代，人们对音乐家比较轻视。在商代，奴隶主就曾豢养一些专门靠唱歌为生的人，不过他们的颂歌也只是用来祭祖或者供奴隶主享乐的。

直到西周时期，宫廷首先建立了比较完备的礼乐制度，可见这个时候"音乐人"逐渐开始受到重视，人们对音乐作品也更加在意。周代的时候人们甚至开启了采风生活，考察各地的民风民俗，收集民歌，因此保留下来大量的民歌。

经过春秋时期孔子的删定，最终形成了中国第一部诗歌总集——《诗经》。《诗经》里面收录了从西周初到春秋中叶五百多年的入乐诗歌，一共305篇。

到了秦汉时期，出现了"乐府"。人们依然保留了从前的采风制度，搜集民间的音乐。后世就把这些诗歌叫"乐府诗"。关于表演的形式，最初只是"一人唱、三人和"的清唱形式，渐渐地，人们把乐器也加入其中，有丝有竹，诗词与音乐的融合相得益彰。

每每提到音乐，就必然要说一说唐代的"燕乐"，这是一种宫廷宴享的音乐。在唐代最引人注目的就是风靡一时的唐代歌舞大曲，在当时可算得上是燕乐中独树一帜的奇葩了。

明清时期，说唱音乐异彩纷呈，既有南方的弹词，又有北方的鼓词。弹词以苏州弹词影响最大，有苍凉雄劲的陈调，有爽直酣畅的马调，有秀丽柔婉的俞调，这三大流派后来又衍生出了许多新的流派。

音乐不受时间、地点和人物的限制，你可以随时哼唱几个小调，即使五音不全，也丝毫不会影响到音乐带给你的愉悦。

52 载歌载舞

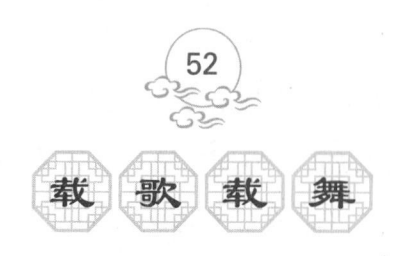

【释义】载：文言助词，无实义。一边唱歌，一边跳舞。形容尽情欢乐。

【出处】《诗经·卫风·氓》："不见复关，泣涕涟涟。既见复关，载笑载言。"《隋书·音乐志中》："言肃其礼，念畅在兹。饰牲举兽，载歌且舞。"

科普知识

语言能够表达人的心情，音乐能够抒发人的情怀，舞蹈能够展示人的情绪，可以说每一个舞者跳一曲完整的舞蹈，都是在讲述一个完整的故事，或喜或悲，一招一式都展现在舞者的表情和动作上，舞者与故事完美融合。

舞蹈是什么时候产生的？人们是怎样想到用这样一种肢体动作来展现美、抒发情怀的呢？

说到舞蹈的起源，必然要提到劳动。人们劳动势必要用到手和脚，手的拍打以及脚的踩踏是不是和舞蹈动作中的节奏很像呢？

人们在一次次重复这些劳动动作时，便逐渐产生了节奏，如果再配上打击石块或者木头之类的声音，那么原始的舞蹈就出现了。为了能够狩猎成功，整个部落会一起行动，所以最原始的舞蹈都是集体性的。

他们有一种舞蹈叫图腾舞蹈，就是在祷告或庆祝时对着部落标志手舞足蹈。除了图腾舞蹈，还有一种舞蹈不能不提，那就是在奴隶社会里深受关注的巫舞。

跟图腾舞蹈相比，巫舞算是前进了一大步，从之前看起来比较粗糙的集体舞蹈渐渐转向专业的、个人的舞蹈，内容上涵盖了各种神话传说中的人物和故事，相当丰富。

到了封建社会，舞蹈渐渐走进了宫廷。当时的宫廷舞主要分为两种，一种是专门用来祭祀的乐舞，还有一种是宴饮时用来助兴的乐舞。

宫廷舞的发展高峰是在汉魏时期和隋唐时期，当时宫廷内专门设置了收集乐舞的乐府、太常寺、梨园等机构，专门培养宫廷乐舞艺人。据说唐玄宗就非常喜欢看跳舞，还曾经亲自参加编制乐舞呢！

在西方，舞蹈也深受皇帝的喜欢，据说还有皇帝曾经和舞姬们一起跳舞。当时从欧洲宫廷舞蹈中走出来的最负盛名的舞种便是芭蕾舞，它曾是宫廷中专有的表演，后来转移到剧场中去演出。

　　在舞蹈发展史上，民间舞蹈常常被人忽视，但实际上只有民间舞蹈才是舞蹈发展的主流。民间舞蹈，比如秧歌、安代舞、弦子舞、赛乃姆等，是人民群众智慧的结晶，是永远不会枯竭的舞蹈源泉。直至今天，民间舞蹈依然以绚丽多姿的风貌在民间广泛地流传着。

鸿雁传书

【释义】用大雁来传递书信。比喻书信往来。

【出处】《汉书·苏武传》:"天子射上林中,得雁,足有系帛书,言武等在某泽中。"袁去华《宴清都》词:"人言雁足传书,待写尽,相思寄与。又怎生,说得愁肠,千丝万缕。"

【反义】鸿稀鳞绝。

科普知识

书信的传递方式在一点点地发生着变化,这说明我们的生活进步了,那你有没有想过,在很久以前,当人们还不太会写信,或者说还没有邮差的时代,人们是怎样相互问候或传递消息的呢?

在很久以前,人们采用结绳计数的方式给自己"写信",比如打了多少猎物就在绳子上系几个疙瘩。这是不是有点像我们今天的"记事本"呢?慢慢地,等人们有了数字的概念,走到哪个山头,见猎物比较多,便在山崖上画上几群牲口,靠这种方式来告诉大家可以到这里来狩猎。

到了商周时代,冶炼技术得到了发展,出现了很多青铜器。这时候,人们喜欢把一些重要的历史信息刻到青铜器上。如今的考古学家就是通过释读器物上的文字来了解器物的朝代以及当时人们的生活状态。这种记录不是简单的"记事本"形式,而是一封封书信,是前人在青铜器上书写的留给后人的书信。

到了春秋战国时期,人们把文字写在竹简上。当时战乱频发,书信的保密工作显得尤为重要,所以这样的竹简一般是先用绳扎好,再用泥封住,最后在封泥上盖上印章。这大概就是我们今天防伪标志的起源吧!

自从发明了造纸术,写信就变得方便多了。不管是文人墨客还是布衣百姓,都喜欢以写信的方式和亲人朋友进行交流。不过那个时代还没有专门送信的邮差,更没有快递,要想把信送出去,只有靠那些出行的人帮忙捎过去,有时候距离遥远,一封信往往需要半年多的时间才能送到对方的手里,实在是耗费时间!

于是,人们就努力想出更好的办法来,那就是用专门的人来送信,人们还给这类人起了一个漂亮的名字叫"信使"。

不过,"信使"可不是平头百姓能用到的,因为他们大多是为皇和官员服务的。

还有人把信系在鸽子的腿上,然后借用鸽子的速度尽快把书信带出去,这类鸽子也被人们称为"信鸽"。在很多重要的历史时期,信鸽的确帮人们解决了因路途遥远带来的通信难题。

随着时代的发展,书信交流变得越来越方便了。

书信延续了几千年,直至今天,它依然是我们生活中一种重要的沟通方式。

54 黄道吉日

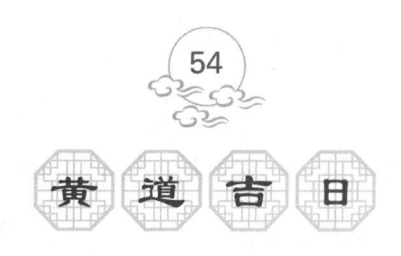

【释义】 迷信认为宜于办事的好日子。旧时以星象来推算吉凶的方术，认为青龙、明堂、金匮、天德、玉堂、司命这六个星宿是吉神，这六辰值日的日子，办什么事都合适，所谓诸事皆宜，不避凶忌。泛指宜于办事的好日子。

【出处】 无名氏《连环计》第四折："今日是黄道吉日，满朝众公卿都在银台门，敦请太师入朝授禅。"

【近义】 吉日良辰

科普知识

在黄帝大战蚩尤的神话故事中，传说为了能够赢得战争，黄帝请来了比较厉害的女巫助战。据说女巫有很多种巫术，黄帝战胜蚩尤之后，这种巫术就被广泛地运用开了。到了战国时期，一些军事术数也吸收了一些巫术元素。

巫师通过占卜、祈祷等为人求福、却灾。最初，古人大多是用太阳来占卜，被称为"日占"。

人们崇拜太阳，所以日占显得尤为重要。最被古人关注的其实就是日食了，因为当时的人们对自然规律的认识还十分有限，所以在他们眼里，如果有日食现象发生，那么就意味着将要出现亡国的危险。

古人还通过观察月亮、星星等来推断未来可能发生的事情，以及事情的吉凶。古人认为微小的改变会对未来有很大的影响。

《吕氏春秋》记载了这样一个故事：楚国边境的姑娘和吴国边境的姑娘一起在边境上采桑叶，结果在他们做游戏时，吴国的姑娘不小心踩到了楚国姑娘的脚。这下楚国人不高兴了，带着受伤的姑娘去责备吴国人，吴国人也不客气，直接把楚国人给杀了，这下引来了楚国人的报复，两国之间因此发生了大规模的冲突。

谁也想不到，一次游戏踩伤脚，竟能掀起一场大规模战争。

在中国古代，"占"是观察的意思，"卜"是用火灼龟壳。"占卜"意思是说，通过观察龟壳出现的裂纹形状，来预测未来的吉凶祸福。

一般在占卜时，古人总会借助于一些物件，一类是刻辞用的载体，比如龟甲、兽骨之类的；另一类就是刻辞用的工具，比如凿、锯、钻、刀之类的。

还有一些常见的民间占卜方式，比如求签、鸟卜、纸牌占卜等。总之，不管是占卜什么事情，人们总能找到对应的占卜方式，要说占卜形式，那可真是多得数也数不清。

现在我们都知道，占卜是一种迷信活动，可是在那样一个科技不太发达的时代，人们只能借助器具或者想象之类的信息来推测事物的发展，以此来满足心理上的需求。

如今，当我们遇到任何事情，都不要随意去推测结果，要作理性的、科学的推断，否则的话，很可能推测出错误的结果哦！相信科学，不迷信，这是科学知识教会我们的最宝贵的财富。

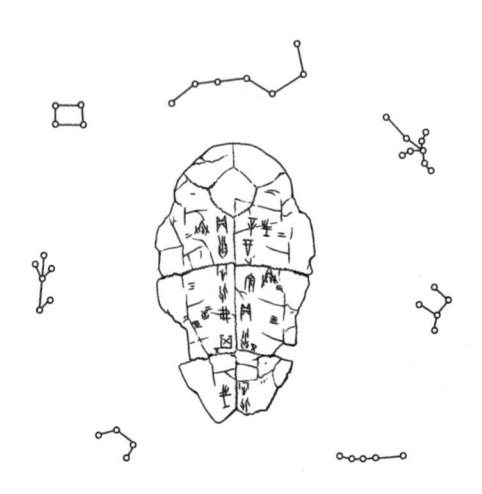

良辰美景

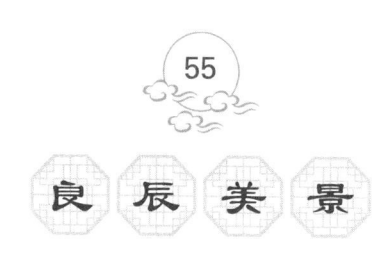

【释义】 良辰：美好的时刻。美好的时刻和宜人的景色。形容难得的时空环境。

【出处】 谢灵运《拟魏太子邺中集诗八首序》："天下良辰、美景、赏心、乐事，四者难并。"辛弃疾《满江红·中秋》词："美景良辰，算只是可人风月。"

【近义】 吉日良辰

【反义】 月黑风高

科普知识

每天早上，闹钟一响，我们就得起床开始一天的学习生活；晚上，快到睡觉时间，我们就得洗漱准备睡觉。在学校，每一节课都有固定的时间……可以说，我们的生活时时刻刻都离不开时间，有了明确的时间规定，才能保证我们的学习和生活正常进行。那在没有钟表的年代，人们是如何来确定时间的？

成语与日常生活

　　古代的劳动人民日出而作日落而息，太阳就是他们最重要的"钟表"，他们通过观察太阳在天空中的位置来判断时间。除此之外，他们还会靠动物的生物钟来调整日常的作息，比如公鸡打鸣，听见鸡叫便知道即将天明。

　　观察太阳、听鸡叫确实能够帮助人们来预估时间，可这种依靠天时和动物终究算不上好办法。渐渐地，有人开始有意识地区分时间了，于是时辰便诞生了。不过有趣的是，即便有了时辰，人们依然是以动物来命名的，可见在古人眼中，动物的习性和时间是息息相关的。

　　时辰和我们平常说的时间不一样，古人把一天二十四小时分成了十二个时辰，算下来每个时辰相当于两个小时，现在就来认识一下这十二个时辰。

　　子时（23时至次日凌晨1时）：夜半。十二时辰的第一个时辰。老鼠在这段时间最活跃（子鼠）。

　　丑时（1时至3时）：鸡鸣。十二时辰的第二个时辰。牛在这时候开始咀嚼白天没有消化的食物（丑牛）。

　　寅时（3时至5时）：黎明。处在黑夜与白天的交替时间，十二时辰的第三个时辰。老虎在这个时候最凶猛（寅虎）。

　　卯时（5时至7时）：日出。指太阳刚刚露脸，冉冉初升的那段时间。十二时辰的第四个时辰。小兔子开始变得活跃了（卯兔）。

辰时（7时至9时）：食时。古人"朝食"之时，也就是吃早饭的时间。十二时辰的第五个时辰。相传这是"群龙行雨"的时候（辰龙）。

巳时（9时至11时）：隅中。临近中午的时候称为隅中。十二时辰的第六个时辰。蛇在这时候隐蔽在草丛中（巳蛇）。

午时（11时至13时）：中午。十二时辰的第七个时辰。这时候太阳最猛烈，阳气达到极限，阴气将会产生，而古人认为马属阴类动物（午马）。

未时（13时至15时）：日昳。太阳偏西为日昳。十二时辰的第八个时辰。传说羊吃了这时候的草，并不影响草的再生（未羊）。

申时（15时至17时）：夕食。十二时辰的第九个时辰。猴子喜欢在这时候啼叫（申猴）。

酉时（17时至19时）：傍晚。意为太阳落山的时候。十二时辰的第十个时辰。鸡在傍晚开始归巢（酉鸡）。

戌时（19时至21时）：黄昏。此时太阳已经落山，天将黑未黑。天地昏黄，万物朦胧，所以叫黄昏。十二时辰的第十一个时辰。狗开始守门口（戌狗）。

亥时（21时至23时）：定昏。此时夜色已深。十二时辰的第十二个时辰。夜深时分猪正在熟睡（亥猪）。

当钟表刚刚传入中国时，有人把一个时辰叫作"大时"，一个钟点叫作"小时"。以后，随着钟表的普及，"大时"一词也就消失了，而"小时"却沿用至今。

一刻千金

【释义】刻：古时以漏刻计时，分一昼夜为一百刻。一刻：指短暂的时间。比喻时间十分宝贵。

【出处】苏轼《春夜》诗："春宵一刻值千金，花有清香月有阴。"刘镇《庆春泽·丙子元夕》词："灯火烘春，楼台浸月，良宵一刻千金。"

【近义】一寸光阴一寸金

科普知识

钟表至今已经有数百年的历史了，在钟表出现之前，其实人们也有自己的一套计时方法，比如日晷、沙漏等。

"日"指"太阳"，"晷"表示"影子"，"日晷"的意思为"太阳的影子"。所以你现在知道日晷的计时原理了吧！

被太阳照射着的物体会投下影子，而且随着太阳的移动，影子会跟着发生变化，比如早晨的影子最长，然后渐渐变短，中午一过，它又重新变长了。

其次是影子的方向会发生变化。早上,太阳从东方升起,所以物体的影子都是在西方;到了中午,影子就转向了北方;等到傍晚时分,影子就转到了东方。

既然有了日晷,那人们就可以正常计时了吧?并不是!你有没有想过,万一遇到了阴天或者到了晚上,没有太阳的时候要怎么计时呢?显然,只用日晷来计时是远远不够的,还需要用到其他的计时器,比如水钟。

据记载,水钟是埃及人在公元前1500年前后发明的,其实就是一种"漏壶",壶内的水面随着水一滴一滴地流出而下降,人们据此测出过去了多少时间,这样一来就避免了阴天和黑夜测不出时间的尴尬。

在紫禁城的交泰殿内,就有一座铜壶漏刻,"漏"自然是指盛水的漏壶,用来向外滴水;"刻"是指放在漏壶里的标尺,上面标有时间刻度。

除了"水漏",还有"沙漏"。人们考虑到冬天水容易结冰,"水漏"罢工的情况时有发生,所以又发明了沙漏。

沙漏我们都见过,通过沙子从上面的玻璃球穿过狭窄的管道流入下面的玻璃球来计量时间。一旦所有的沙子都已流到下面的玻璃球,人们可以把玻璃球颠倒放置再重新进行计时。一般沙漏有一个名义上的运行时间。

除了上面提到的计时方法，古人还想到了其他一些可以用来计时的方法，比如通过一炷香所花费的时间来计时等。

钟表的发明，使人们对时间的认识更加精确。有"欧洲的钟表之父"之称的乔万尼·德·丹第用了16年的时间制造出一台功能齐全的钟，被称为宇宙浑天仪，它能够表示出天空中一些行星的运行轨迹，还可以表示出一些节日的周期和每天的时间。

到了17世纪，出现了钟摆和发条，从计时的精度来讲有了很大的进步。后来也就逐渐出现了我们熟知的电子钟表。

我们在简单回顾钟表的前世今生时也不要忘记那些聪明又善于观察的古人，珍惜时间是对他们最好的致敬方式！

57 黄粱一梦

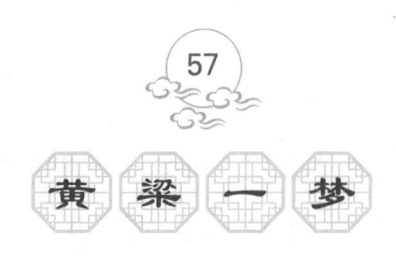

【释义】 黄粱：小米。在煮熟小米饭的时间里做的一场好梦。比喻虚幻的事情、不切实际的空想和破灭了的希望。

【出处】 苏轼《被命南迁途中寄定武同僚》诗："只知紫绶三公贵，不觉黄粱一梦游。"

【近义】 南柯一梦

科普知识

每晚睡觉前，我们都期待自己能做一个好梦。有时候赶巧的是，想到了什么就真的梦到了，难道这就是愿望成真了吗？

在古人的眼里，做梦总是有原因的，王符就曾说"夫奇异之梦，多有故而少无为者矣"，意思是说，做梦总是有原因可寻的。

这些原因总结下来主要有两个方面。

一方面是心理原因。比如，白天有一件事令你特别兴奋，临睡前你还在想着这件事,当大脑其他的神经细胞都休息了,这一部分神经细胞还在兴奋,你就会做一个内容相似的梦,正所谓"日有所思,夜有所梦"。

另一方面是生理原因。梦境中的事件及场景来自人们已有的认知及记忆,其中记忆所包含的内容有视觉、听觉、嗅觉、味觉、触觉等。

我们现在就来看看梦到底是如何产生的。

首先,人在入睡后,会有一小部分脑细胞仍在活动,这就是梦的基础。

如果人不做梦会有什么反应呢?科学家做了一些阻断人做梦的试验。

当睡眠者一出现做梦的脑电波时,就立刻被唤醒,不让他的梦境继续,如此反复进行,结果发现这种做法导致人体一系列生理异常,如血压、脉搏、体温以及皮肤的电反应能力都会有提高的趋势,而植物性神经系统机能却有所减弱。

除此之外,这种梦被一次次打断的情况还会引起人的一系列不良心理反应,比如出现焦虑不安、紧张、易怒等。

我们在梦中的时候,右大脑半球活动占主要优势;而当我们从梦境中醒来时,左大脑半球活动占优势。在做梦与醒来的交替中,可以达到身体的神经调节和精神活动的一种平衡。可见，我们需要正常的做梦活动，做梦有利于我们的身体健康。

只睡觉却不做梦，并不是一种好现象，这是大脑受到损害的一种征兆。

为什么这么说呢？

这是因为梦是大脑调节中心平衡身体各种功能的结果，如果大脑调节中心受损了，那么我们睡觉的时候就不能形成梦，或者即使做梦，也只是一些残缺不全的梦境片段，这样的睡眠无法保证大脑的健康发育，更不能维持正常的思维需要，所以说，睡觉时做梦是好事。

我们中国是最早对梦进行研究的国家，今存有假托周公所作《周公解梦》一书，以所梦之事物来一一对应现实生活。

每当我们做了什么看似奇怪的梦，总是忍不住查一下《周公解梦》，看看做这个梦是不是预兆着某些事情将要发生。然而事实上，《周公解梦》里对梦的解释并不是从科学的角度进行的。所以，也不必过于在意。

梦境的内容其实是在人们神经系统的感知、记忆、存储等功能的作用下产生的，蕴含着人们潜意识里的愿望和情感。这大概就是对"日有所思，夜有所梦"的最科学的解释吧！

梦，除了指我们睡觉时做的梦，还比喻幻想或愿望。梦想，就像是一座指引人努力奋进的灯塔，期待奋斗之后便能"日有所思，夜有所梦"。

58 夜以继日

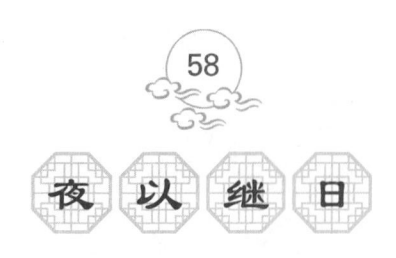

【释义】 以：拿，用。继：继续。用夜晚的时间接上白天。形容日夜不停地做某事。

【出处】《庄子·至乐》："夫贵者，夜以继日，思虑善否。"

【近义】 通宵达旦

科普知识

白天，阳光普照，我们忙着学习、运动、玩耍；到了晚上，太阳落山，我们都乖乖躺在床上，等待着美梦的降临。第二天天亮，我们又起床学习、运动、玩耍；夜幕又一次降临时，我们再次期待美梦。

我们每天都要经历白天和黑夜的交替变化，那么，你知道这白天与黑夜间的交替是如何产生的吗？

首先，我们知道，地球本身是不发光的球体，它并不能给予人类光芒，而能够带给人类温暖光芒的，只有太阳。请你回想一下地球和太阳两者之间的位置关系。不管地球如何自转或者公转，太阳都只能照亮半个地球，毕竟地球是不透明的球体。所以，被阳光照亮的半个地球是白昼，而没有被阳光照亮的半个地球就是黑夜。那条昼半球和夜半球的分界线，称为晨昏线。

因为地球在绕着太阳转动的同时又自转，这样经过24小时的转动，原本处于白昼的地面渐渐进入了黑夜；而原本处于黑夜的地面渐渐转为白昼。

要强调的一点是，因为地球在自转的时候，地球表面靠近太阳的位置不同，即使不同地区都是在白天，但时间上也是不一样的。

简单来说，因为地球自转的原因，同样是处于白天，有的地方是中午12点，而有的地方却是下午1点，还有一些地方，正处在黎明或者傍晚，是不是很奇特？

世界各地的时间差异还是很大的，我们常把这种差异简单称为"时差"。举个例子来说，当我们这里是北京时间早上8点时，在我们东面的日本是9点钟，在我们西面的莫斯科是凌晨3点钟，很不可思议吧？

当你从北京出发飞向一个遥远的国度时，很可能遇到这样的情况：你出发的时候是白天，到达目的地时，那里仍旧是白天，你经历的白天的时长远远超过正常的时长。这就要用我们今天学到的知识来解释啦！

我们现在知道，因为地球在不停地自转，便产生了昼夜交替的现象，可是你有没有考虑过，地轴本身是倾斜着的，这样绕着太阳旋转，就不会产生一些特殊的现象吗？

当然会！这便导致地球上不同地区的昼夜长短是不一样的，有的地方白天时间长，而有的地方黑夜时间长。

如果要举例说明的话，恐怕南极和北极两个地区最具有说服力了。这些地方受太阳的终年斜射，导致昼夜长短变化很大，而且还会出现更加奇特的现象，那就是太阳终日不落或者终日不出。

想象一下吧！一天24小时都是白天，或者24小时都是黑夜，这就是我们常说的"极昼"和"极夜"现象。如果一个人来到了南极点或北极点，那么他很有可能要经历长达半年时间的极昼或者极夜了！

事实上，由于受月球和其他天体引力的影响，还有人类活动的影响，比如人造地球卫星的发射等，都会或多或少影响到地球自转的速度。所以，阳光照向地球的时间和位置并不完全固定，但可以肯定的是，不会相差太多，跟我们平时日出日落的时间比不会有太明显的变化，不用过于担心。但如果我们不能保护好地球的话,地球环境会变得越来越糟,未来就会影响到我们的正常生活。所以,爱护环境,保护地球,从即刻起,你我同行。

59 玉不琢，不成器

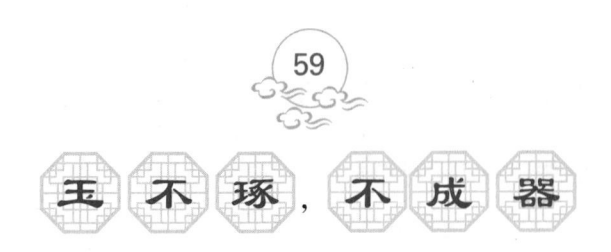

【释义】 琢：雕。玉不经过雕琢加工，就不能成器皿。比喻人不经过教育、培养，就不能成才。

【出处】《礼记·学记》："玉不琢，不成器；人不学，不知道。"

科普知识

只要不是节假日，同学们都要背上书包去上学。学习很辛苦，却也是一件很幸福的事情。要知道，在以前并不是任何时候任何人都可以背上书包去上学的！

"教育"这个词最早来源于孟子的"得天下英才而教育之"。根据《说文解字》释义，"教，上所施下所效也"，"育，养子使作善也"。教育就是教诲培育的意思。

每个人就像一棵自由而又疯狂生长的树，需要有人不停地进行剪枝、修理，才能使树长得更高、更直，成为栋梁。而这"剪枝、修理"的过程就是我们接受教育的过程。只有接受了良好的教育，学到更多的知识，才有可能成为国家的栋梁，做出傲人的成绩。

原始人类在劳动的过程中逐渐形成了以大脑和手为核心的身体机能。渐渐地，大脑懂得了思考和学习，也使得我们成了"高级动物"。

在远古时代，当人们每天都忙于狩猎和采摘的时候，是怎么诞生出教育的呢？这确实和当时人们谋生的方式有一定的关系。

《尸子》中有一段关于原始氏族社会生活实况的记载："燧人之世，天下多水，故教民以渔；宓羲氏之世，天下多兽，故教民以猎。"

这个意思是说，燧人氏时期，雨水比较多，燧人氏便教给大家捕鱼的方法；宓羲氏时期，野兽比较多，宓羲氏便传授给大家狩猎的经验。

同样的道理，一个生活在山林茂盛地区的部落，会较早发明和掌握狩猎的技术；一个生活在平原地区的部落，会较早发明和掌握农业生产技术；而生活在洪水容易泛滥成灾地区的部落，则会被迫去摸索治理水害的办法。

而将这些优秀的思想和经验传授给其他人，就是教育的过程，可见教育最初的诞生是与当时人们生活的环境息息相关的。

经验丰富的人将知识教给没有经验的人，没有经验的人再把学到的知识传授给更多的人，久而久之，这项技能就被传承下来了。

但是，当时这种教授的过程并不能通过读书来实现，而是要靠那些长者通过亲身示范，再口耳相传来进行讲授。

直到公元前3000年左右，出现了"图书文字"和"象形文字"后，便渐渐出现了专门传授和学习的机构，这就是学校最初的形式，不过在当时并不叫"学校"，而是叫"成均"。

到了夏代，才算是有了正式的以教为主的学校，被称为"校"。

可见，学校在不同时期还有不一样的名字。《孟子·滕文公上》里面说："夏曰校，殷曰序，周曰庠。"意思是说，"学校"在夏朝叫"校"，在殷朝叫"序"，到周朝称为"庠"。

到了西周时期，学校组织就变得比较完善了，当时还把学校分为国学和乡学两种，国学是专门为贵族子弟设立的，而乡学是专门为地方的学生们设立的。

随着社会的不断发展，学校的规模也在逐渐壮大，到了明太祖朱元璋建国初期，开始全国设立学校，最鼎盛的时期，全国有学校1700多所。

不管是官学也好，私学也罢，中华文化博大精深，而我们所学的只不过是沧海一粟，所以说，学习是每个人终生的事业，就像吃饭睡觉一样重要。

60 一掷千金

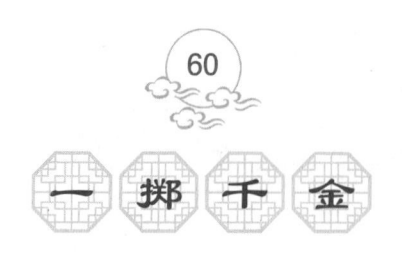

【释义】 掷：扔、投。千金：形容许多钱。指赌博时一注就投下千金。用钱满不在乎,一花就是很多。形容尽情挥霍。

【出处】 吴象之《少年行》诗:"一掷千金浑是胆,家无四壁不知贫。"

【近义】 挥金如土

【反义】 省吃俭用

科普知识

我们现在的生活,每天都离不开钱,穿戴要花钱,吃饭要花钱,住宿要花钱,乘车要花钱,总之,衣食住行样样都要花钱。钱是怎么诞生的呢?最初的钱又长什么样?

中国是世界上最早使用货币的国家之一。不过,人们最初使用的钱币和我们今天的钱币相比还是有很大区别的。

很久以前,人们在以物换物的过程中,货币应运而生——海贝是中国最早的货币。随着人们对钱的需求量越来越大,海贝的数量已经没办法满足人们的需求,商朝的人们便只好自己动手开始用铜来仿制海贝。

在我们的汉字中,很多和钱有关的汉字都是贝字旁,比如财、赚、账等。可见在最初造字时,人们肯定考虑了字所代表的意义。

自从开始采用铜来制作货币,也就宣告了货币从自然货币向人工货币的演变。既然是铜制,那也不必一定要制作成贝的模样,所以,从商朝铜贝出现后,到战国时期,中国的货币形状种类很多。

比方说战国时期,不仅各国自己制造货币,就算是在一个诸侯国内的各个地区也会自己制造货币,像赵国的铲币、齐国的刀币、秦国的圆形方孔钱、楚国的蚁鼻钱,可以说是形式多样。

一直到了秦统一中国后,秦始皇在公元前210年下令"以秦币同天下之币",可以说这是中国最早的货币法,规定在全国范围内都要通行秦国的圆形方孔的半两钱。终于,货币再也不是从前形状各异、重量悬殊的杂乱状态了,而是彻底统一了。

这种钱币虽然模样上统一了,可依然存在很多弊端,比如在钱文中都标明了钱的重量,有的是"半两",有的是"五铢"，这样实在没有必要。

于是在唐高祖武德四年（621年），李渊废掉了轻重不一的历代古钱，统一铸造"开元通宝"钱，此后铜钱不再用钱文标重量，都以通宝、元宝相称。

到了北宋，人们的购买能力越来越强，货币的流通量也越来越大，自然也就需要更多的钱币。相传在北宋太宗时期，每年铸币八十万贯，而且还在逐年递增。

据《宋史》记载，北宋初年，四川用铁钱，体大值小，流通不便。想想看，买上一匹绢，要扛上一袋子的钱，这实在是太不方便了！于是，有商人发行了一种纸币，命名为"交子"。

最初的交子实际上是一种存款凭证。当时，四川地区出现了为那些不便携带大额款项的商人办理现金保管业务的"交子铺户"。存款人把现金交付给铺户，铺户把存款数额填写在用楮纸制作的纸卷上，再交还存款人，并收取一定的保管费。

这种记载存款金额的楮纸券便被称为交子。这时的交子，只是一种存款和取款凭据，并不是一般意义上的货币。直到宋仁宗天圣元年（1023年），交子才正式开始以货币的身份流通。交子是中国最早的纸币，也是世界上最早的纸币。

从古至今，中国的货币在形制和材质上都发生了很大变化。1948年12月1日，中国人民银行成立并发行人民币，也就是我们现在都非常熟悉的纸币了。

想不到吧，你握在手中的钱币竟然有这么多的历史，它可不是简单的货币，还蕴藏着很多故事呢！

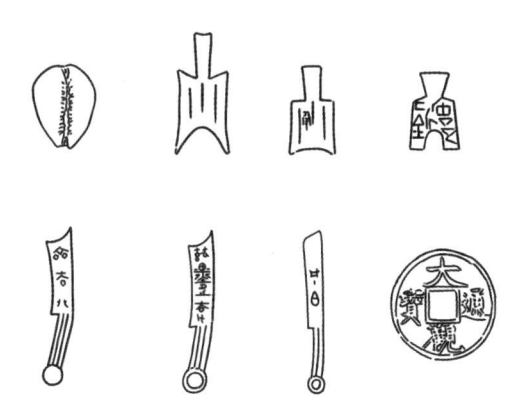